Día a Día

Escrito por Betty Free • Ilustrado por Eira Reeves

Una división de Editorial Unilit.

Contenido

Enero

¿Quién es Dios? (Enero 1-3)
Tesoros en la Biblia (Enero 4-10)
El amor de Dios (Enero 11-13)
El cuidado amoroso de Dios (Enero 14-28)
Alabando a Dios (Enero 29-31)

Febrero

La creación de la tierra (Febrero 1-7)
El maravilloso mundo de Dios (Febrero 8-10)
Lo que significan los nombres (Febrero 11-14)
La fantástica familia de Dios (Febrero 15-20)
Conociendo ángeles (Febrero 21-29)

Marzo

Perdido en Jerusalén (Marzo 1 6)
Mirando a Jesús (Marzo 7-17)
La victoria de Jesús (Marzo 18-28)
El regreso de Jesús (Marzo 29-31)

Abril

Hablando con Dios (Abril 1-8)
Conociendo a Dios (Abril 9-16)
¡No te quedes sentado! (Abril 17-24)
Con agradecimiento (Abril 25-30)

Mayo

En el principio (Mayo 1-13)
La manera de ser sabio (Mayo 14-20)
Aprendiendo sobre el Espíritu Santo
(Mayo 21-31)

Junio

Amando y perdonando (Junio 1-17)
Una luz brillante (Junio 18-20)
Dejando entrar a Jesús (Junio 21)
No te rindas —Dios no se rinde
(Junio 22-30)

Septiembre

Cantos de alabanza (Septiembre 1-12)
Un hombre pequeño anda alto
(Septiembre 13-16)
Recibiendo y dando (Septiembre 17-22)
Una boda en una aldea (Septiembre 23-30)

Octubre

Madres y padres y otras personas (Octubre 1-7)
Amigos buenos (Octubre 8-14)
Fuego en el monte (Octubre 15-16)
Compañeros (Octubre 27-31)

Noviembre

Buenos tiempos y malos tiempos
(Noviembre 1-18)
Las batallas de Josué (Noviembre 19-24)
Nuestro Gran Dios (Noviembre 25-27)
Jesús ora (Noviembre 28-30)

Diciembre

El Rey vuelve (Diciembre 1-4)
Lo mejor para Jesús (Diciembre 5-9)
Los viajes de Jonás (Diciembre 10-19)
Un Niño especial (Diciembre 20-31)

Julio

Noé y su zoológico flotante (Julio 1-9)
La fe maravillosa de Abraham (Julio 10-16)
Moisés y la gran huida (Julio 17-21)
David, héroe de siempre (Julio 22-28)
Un pastor y sus ovejas (Julio 29-31)

Agosto

Daniel y sus amigos (Agosto 1-10)
Perdido y encontrado (Agosto 11-20)
Jesús dador de la vida (Agosto 21-25)
Regalos que Dios da (Agosto 26-31)

1 de enero

Dios, nuestro Padre

Tenemos el mismo Dios y Padre, quien está sobre todos nosotros. EFESIOS 4:6

Dios te creó y te ama. Él creó a toda la gente del mundo, así que Él es como padre para todos. Es un Padre muy especial. Sabe todo acerca de ti, así que Él sabe lo que es mejor para ti.

Yo me alegro que Dios es el que está a cargo de todo, ¿no crees tú? Él siempre sabe lo que va a hacer.

Dios es tu Padre especial que está en el cielo. Él te ama y te va a cuidar muy bien.

¿Cómo es Dios?

QUERIDO DIOS, gracias por ser mi Padre especial que está en el cielo. Gracias por amarme y saber cómo cuidarme. Amén

2 de enero

Dios siempre va a estar aquí

Pero el Señor vive eternamente; está sentado en su trono.
SALMO 9:7

Nadie sino sólo Dios siempre ha estado aquí. Nadie más que Dios siempre estará aquí. Él vive para siempre. Tú no lo puedes ver, pero siempre está contigo. Y Él te ama.

Tu mamá y tu papá siempre te aman, pero ellos no pueden estar contigo todo el tiempo. Ellos se van a trabajar y necesitan dormir. Pero Dios nunca te deja.

¿Quién estará contigo siempre?

QUERIDO DIOS, me alegra saber que tú siempre has estado aquí. Y me alegra que siempre estés aquí conmigo. Te amo. Amén.

5

3 de enero

El Dios Todopoderoso

Yo soy el Dios Todopoderoso; obedéceme y vive rectamente.
GÉNESIS 17:1

Dios es muy fuerte. Él es más fuerte que nadie. Es Todopoderoso. Así que no es problema para Él cuidar de nosotros. Nos puede ayudar cuando estamos enfermos o tristes, y nos guarda cuando tenemos miedo. Todo lo que nos pide es que le obedezcamos. ¡Y aun Él nos ayuda a hacer eso!

¿Hay alguien más fuerte que Dios?

GRACIAS DIOS, por usar tu poder para ayudarme. Te quiero obedecer y hacer lo que tú quieres que yo haga. Amén.

4 de enero

Tesoros de valor

Ellas (tus enseñanzas) son para mí más valiosas que millones en oro y plata.
SALMO 119:72

¿Tienes tú algo de valor en casa? A lo mejor tu mamá tiene joyas que valen mucho dinero. A lo mejor tú tienes unas monedas de oro o plata. Muchas veces, la gente guarda las cosas de valor en una caja de tesoros.

La Palabra de Dios, la Biblia, es como una caja de tesoros. Dentro de ella hay enseñanzas de Dios que valen mucho. Esas enseñanzas nos muestran cómo obedecerle. Nos ayudan a aprender cómo amar a Dios y a los demás.

¿Qué es lo que aprendemos de las enseñanzas de Dios?

QUERIDO DIOS, ayúdame a aprender las cosas de valor que hay en la Biblia. Gracias por enseñarme a amarte a ti y a los demás. Amén.

5 de enero

Aprendiendo la Palabra de Dios

He atesorado (tus palabras) en mi corazón para que me guarden del pecado.
SALMO 119:11

Si recuerdas las palabras de un versículo de la Biblia es como si la hubieras guardado. Las tienes en tu mente y también en tu corazón. Eso significa que en el fondo de tu corazón, tú realmente quieres hacer lo correcto. Las palabras de la Biblia te ayudan a hacer lo bueno. La Palabra de Dios te ayuda para no hacer cosas malas que lo ponen a Él triste.

¿Puedes tú recitar el versículo bíblico de hoy?

QUERIDO DIOS, ayúdame a aprender muchos versículos de la Biblia. Si recuerdo tus palabras, yo sabré cómo hacer lo que es correcto. Amén.

6 de enero

La manera de ser sabio

*Sólo tus normas pueden darme
sabiduría y entendimiento.*
SALMO 119:104

Cuando tienes una pregunta, ¿te gustaría saber la respuesta? Cuando no entiendes lo que hay que hacer, ¿te gustaría aprender lo que es bueno? Tus padres y tus maestros te pueden enseñar muchas cosas. Pero la única forma en que pueden ayudarte a ser sabio es enseñándote los mandamientos de Dios. Entonces vas a entender cómo Dios quiere que tú vivas.

¿Cómo puedes llegar a ser sabio?

QUERIDO DIOS, gracias por tus mandamientos en la Biblia. Ellos me ayudan a entender lo que es bueno y malo. Ellos me hacen muy sabio. Amén.

7 de enero

La lámpara de mano

Tus palabras son luz que ilumina el sendero ante mí.
SALMO 119:105

¿Alguna vez has caminado en lo oscuro? Es difícil saber para dónde vas si no tienes una lámpara de mano, ¿verdad? Puedes tropezar y lastimarte.

Las palabras de Dios son como una lámpara de mano. Si las escuchamos y las obedecemos, sabremos a dónde ir y qué hacer. Dios nos va a proteger.

¿Te has preguntado alguna vez qué es lo que tienes que hacer? ¿Cómo puede la Palabra de Dios ayudarte?

QUERIDO DIOS, gracias por querer que yo esté seguro. Ayúdame a guardar tus palabras en la Biblia para saber siempre dónde ir y qué hacer. Amén.

8 de enero

La luz de Dios

*Tus palabras son luz . . .
evitando que tropiece.*
SALMO 119:105

Un cuarto oscuro da mucho miedo. No se puede ver lo que hay adentro. Pero cuando enciendes una lámpara, el cuarto se ilumina. ¡Ya no tropiezas con los juguetes ni pisas la cola del gato!

Las palabras de Dios son como una lámpara. Ellas nos ayudan a ver las cosas con claridad. Ellas responden a preguntas como: "¿Cómo debo comportarme?" o "¿Qué cosas buenas podría decir?"

¿Cuáles son las cosas que la Biblia te puede ayudar a ver claramente?

QUERIDO DIOS, gracias porque tus palabras en la Biblia me ayudan a decir cosas buenas y cómo comportarme. Amén.

9 de enero

Este camino

Si abandonan las sendas de Dios y se extravían, escucharán tras ustedes una Voz que dirá: "No, éste es el camino, caminen por aquí." ISAÍAS 30:21

Tú has oído a tu mamá diciendo una y otra vez: "comparte tus juguetes". Y cuando tú no los compartes, continúas oyendo su voz que dice: "Comparte tus juguetes".

Nuestros padres no nos enseñan lo que ellos quieren que hagamos. Ellos nos enseñan lo que *Dios* quiere que hagamos. Oírlos a ellos es como oír la voz de Dios.

¿Cómo te ayuda Dios a saber lo que es correcto?

QUERIDO DIOS, cuando haga algo malo, por favor, ayúdame a detenerme y escuchar tu voz. Amén.

Vía
correcta

Vía
incorrecta

10 de enero

Pregúntale a Dios

Ayúdame a hacer tu voluntad,
pues tú eres mi Dios. SALMO 143:10

Hay ocasiones en las que tú y tu familia tienen que tomar decisiones. ¿A qué iglesia tienes que asistir? ¿A quiénes hay que invitar a tu fiesta? ¿Cuánto dinero hay que gastar en ropa? Dios quiere ayudarte a hacer esas decisiones. Cuando hablas con Él, Él te puede enseñar la mejor forma. Te puede enseñar cómo puedes alegrarlo. Y cuando tú alegres a Dios, entonces, ¡tú vas a estar alegre también!

Cuando necesites decidir qué hacer, ¿a quién debes preguntar?

QUERIDO DIOS, gracias por ayudar a mi familia y a mí para saber qué hacer. Amén.

11 de enero

El amor de Dios

Dios es amor. 1 JUAN 4:8

¿Cómo te das cuenta que la gente te ama? Tal vez, ellos te dicen: "Te amo". Pero es más especial cuando ellos hacen algo para mostrarte su amor. La gente que se ama se abraza y hace cosas buenas los unos a los otros.

Dios te ama más que nadie porque Él es amor. Te cuida y contesta tus oraciones. Dios es muy amoroso.

¿Quién te ama más que nadie?

QUERIDO DIOS, gracias por amarme. Amén

14

12 de enero

El amor de Jesús

(Dios)... creó el universo entero, y el Hijo, que es el resplandor de la gloria de Dios y la imagen misma del Altísimo. HEBREOS 1:2-3

Los hijos suelen parecerse a sus padres. Ellos son iguales y hasta piensan igual. Hay veces que hasta hacen las cosas igual a ellos.

Estoy seguro que te gustaría saber cómo es Dios, pero Él está en el cielo. Pero aun así, mucho antes que Él hiciera el mundo, su Hijo, Jesús, estaba ya con Él. Dios el Padre y Dios el Hijo son exactamente iguales.

Tú puedes escuchar las historias de amor de Jesús y saber cuánto Dios te ama.

¿Cómo puedes saber que Dios te ama?

QUERIDO DIOS, me alegra que tu Hijo, Jesús, me ama. Y me alegra que Él es como tú. En el nombre de Jesús, amén.

13 de enero

Amor para todos

Porque de tal manera amó Dios al mundo que ha dado a su único Hijo para que todo aquel que en Él cree no se pierda, mas tenga vida eterna. JUAN 3:16

¿Tienes una mascota o un juguete que te guste mucho? Sería muy difícil regalarlo o dárselo prestado a alguien hasta por un corto tiempo. Pero Dios dio a su Hijo Jesús, por nosotros. Dios le permitió a Jesús que viviera en la tierra por un tiempo. Jesús se hizo culpable por las cosas malas que nosotros hacemos. Dios hizo esto porque nos ama mucho.

¿Por qué Dios envió a su Hijo Jesús, al mundo?

QUERIDO DIOS, gracias por amar a toda la gente del mundo. Gracias por amarme a mí. Yo también te amo. Amén.

14 de enero

Un pajarito

¿Qué valen dos pajarillos? ¡Apenas unos centavos! Sin embargo, ni uno solo cae a tierra sin que el Padre lo permita... ustedes valen más que muchos pajarillos. MATEO 10:29

Dios nos hizo y quiere que lo llamemos Padre. Él también hizo a los pajaritos. Él hizo muchos gorriones y los cuida a todos.
Cuando Jesús vivió en este mundo, la gente podía comprar dos gorriones por un centavo. Si Dios cuida de unos pajaritos, puedes estar seguro que cuida también de ti. Jesús dijo que tú vales más que muchos pajaritos.

**¿Cuida Dios de los pajaritos?
¿Cuida Dios de ti?**

QUERIDO DIOS, gracias por cuidar a los pajaritos. Gracias por cuidar de mí. Amén.

15 de enero

Cada cabello

Hasta el último cabello de ustedes está contado. Así que no teman. MATEO 10:30-31

¿Cuántos cabellos piensas que tienes en tu cabeza? ¡Hay más de los que tú y tus amigos pueden contar! Ni tus papás podrían contarlos todos. Pero Dios sí sabe cuántos tienes. Él no tiene que contarlos. Él sabe todo acerca de ti y te ama mucho. Él cuida de ti para que no tengas miedo.

¿Quién sabe cuántos cabellos tienes tú?

QUERIDO DIOS, me alegra que tú sepas todo acerca de mí. Y me alegra que tú sepas cuidar de mí. Amén.

18

16 de enero

Nos ve crecer

Yo, el Señor, cuidaré las viñas fructíferas; cada día las regaré, y día y noche vigilaré para mantener alejados a todos los enemigos. ISAÍAS 27:3

¿Has ayudado alguna vez a sembrar algo en tu jardín?
Se riegan las semillas y se ve cómo empiezan a crecer las hojas. Uno las cuida para evitar que los animales o la gente caminen sobre el jardín. Dios es como un jardinero y nosotros como plantas de su jardín. Él nos ayuda para que lo tengamos todo. Y Él nos cuida para que crezcamos seguros.

¿Cómo es Dios como jardinero?

QUERIDO DIOS, gracias por cuidarme. Gracias por ayudarme a crecer seguro. Amén.

EL CUIDADO AMOROSO DE DIOS

17 de enero

No tengas miedo

Yo soy el Señor Dios tuyo y te digo: "No tengas temor; estoy aquí para ayudarte". ISAÍAS 41:13

Cuartos oscuros con cortinas moviéndose de un lado para otro con el viento. Arañas peludas. Truenos y relámpagos. ¡Tantas cosas que dan miedo a nuestro alrededor! Pero Dios está cerca de ti. Es como si Él te sostuviera de la mano. Él quiere ayudarte cuando tienes miedo. Él quiere que le digas cómo te sientes.

¿Qué es lo que tienes que recordar cuando tengas miedo?

QUERIDO DIOS, tú sabes lo que me da miedo. Gracias por estar conmigo para oírme y ayudarme cuando tengo miedo. Amén.

18 de enero

¡Socorro!

Quiero que confíes en mí en tus
tribulaciones para que yo te libre.
SALMO 50:15

Si te caes y te lastimas las rodillas, es probable que llames a alguien que esté cerca para que te ayude. Tú llamas a la persona que te está cuidando. ¿Quién crees que te ayuda para que esa persona te asista? ¿Quién ayuda a esa persona que sabe qué hacer? Es Dios. Tú puedes llamar a Dios en cualquier momento —aun cuando no haya otra persona alrededor. Si estás triste o temeroso, Dios te puede ayudar.

¿A quién puedes llamar siempre cuando necesites ayuda?

QUERIDO DIOS, gracias por enseñar a mis padres y a otra gente cómo cuidarme. Me alegra saber que puedo llamarte en cualquier momento. Amén.

19 de enero

Ven a mí

*Vengan a mí los que
estén cansados y
afligidos y yo los
haré descansar.*
MATEO 11:28

Muchas veces, cuando estamos cansados, nos sentimos como si tuviéramos una carga encima. Los problemas nos parecen muy difíciles de controlar. Pero Jesús dice: "Ven a mí." Lo que Él quiere decir es que podemos ir en oración y decirle nuestros problemas. Jesús dice: "Yo los haré descansar". Eso quiere decir que podemos descargar nuestros problemas y olvidarnos de ellos. Podemos descansar y confiar que Jesús va a resolverlos.

¿Qué es lo que debes hacer cuando tengas un problema?

QUERIDO DIOS, gracias por permitir que te diga mis problemas. Ayúdame a confiar que tú los vas a resolver. Amén.

20 de enero
Lugares extraños

"Yo iré contigo". ÉXODO 33:14

Moisés tuvo que llevar a un grupo grande de personas a través del desierto a un país nuevo. Moisés no creía que lo podía lograr. Pero Dios le dijo: "Yo mismo iré contigo". ¡Qué promesa más grande! Esa promesa también es para niños como tú. ¿A dónde crees que los niños de los dibujos necesitan ir? ¿Al doctor? ¿A una casa nueva? Dios irá con ellos. Y Él irá contigo dondequiera que tú vayas.

Di algunos de los lugares donde Dios irá contigo.

QUERIDO DIOS, hay veces que no me gusta ir a lugares extraños. Gracias porque vas a ir conmigo. Amén.

21 de enero

Un lugar seguro

Pero todos los que me escuchan vivirán en paz y seguridad, sin temor. PROVERBIOS 1:33

Si te quieres sentir realmente seguro, ¿a dónde vas? Es probable que vayas a los brazos de mamá o papá. Tú vas a donde ellos porque sabes que ellos te aman y te protegen.
Otra forma de sentirte seguro es ir a donde está Dios. Tú puedes escuchar sus palabras en la Biblia. Así sabrás cómo confiar en Él y obedecerle. Él cuidará muy bien de ti.

¿Qué es lo que debes hacer para sentirte seguro?

QUERIDO DIOS, ayúdame a saber que me puedo sentir siempre seguro cuando te escucho y te obedezco. Amén.

22 de enero

¡En guardia!

El Señor, que es fiel, les dará fortaleza y los guardará.
2 TESALONICENSES 3:3

Los reyes, las reinas, los presidentes y otras personas importantes tienen guardaespaldas para protegerse. Tú también eres importante. Eres muy importante para Dios, por eso Él te protege y te guarda. Él le hace fuerte para que puedas luchar con las cosas malas que te suceden.

Hay veces que te puedes sentir triste, pero Dios te ayudará a confiar en Él. Él es fiel. Eso significa que puedes contar con Él para ayudarte.

¿Qué hará Dios cuando necesites ayuda?

QUERIDO DIOS, gracias que puedo contar con tu ayuda siempre. Amén.

23 de enero

Todo el tiempo

*Tú solo eres mi Dios;
en tus manos están
los días de mi vida.*
SALMO 31:14-15

¿Qué hora es? ¿Es de madrugada? ¿Es tarde? No importa qué hora sea, tú puedes decir: "Yo confío en ti, Oh Señor".

Dios está con nosotros todo el tiempo. Él está con nosotros en tiempos malos y en tiempos buenos. Todo está en sus manos. Eso significa que Él está en control y cuida de todas las cosas todo el tiempo.

Menciona aquellas ocasiones que Dios va a cuidar de ti.

QUERIDO DIOS, gracias por cuidar de todo durante el día y la noche. Amén.

26

24 de enero

El consuelo de Dios

Que tan maravillosamente se nos ofrecen en nuestras dificultades y pruebas.
2 CORINTIOS 1:4

Cuando te sientes triste y molesto, tú necesitas de alguien que te consuele y te haga sentir bien. Dios hará eso por ti. Hay veces que Él envía a uno de tus familiares para consolarte. Otras veces, Él te consuela mientras abrazas tu muñeca o tu animalito de juguete favorito. Aun cuando te sientes solo, Dios está contigo. Tú puedes hablar con Él en cualquier momento y Él te consolará siempre.

¿Cuándo necesitas consuelo?

QUERIDO DIOS, gracias por saber cuándo necesito ser consolado. Gracias por todos los momentos cuando me has hecho sentir mejor. Amén.

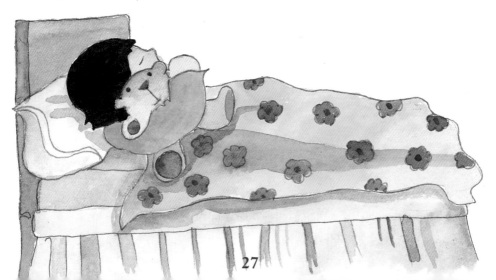

25 de enero

Libre de preocupaciones

Encomiéndenle sus ansiedades, porque Él siempre cuida de ustedes. 1 PEDRO 5:7

La gente se preocupa mucho. Los adultos se preocupan porque pueden enfermarse o porque no tienen suficiente dinero. Los niños se preocupan de pasar mucho tiempo con sus padres o de llevarse bien con sus amigos. Pero Dios no quiere que tú te preocupes. Él quiere que tú hables con Él sobre lo que te preocupa y que confíes en su ayuda. Él cuidará de ti porque te ama.

¿Por qué no debes preocuparte por nada?

QUERIDO DIOS, gracias por escucharme cuando te hablo de las cosas que me preocupan. Gracias por cuidar de mí. Te amo. Amén.

26 de enero

Una gallina madre

Él te escudará con sus alas. Ellas te ampararán. SALMO 91:4

Una gallina es un ave grande que llama a sus pollitos y los cubre con sus alas. Ella quiere que ellos se sientan seguros y abrigados. Así mismo se siente Dios contigo. Él quiere protegerte. ¡Tú puedes ir con Dios como un pollito corre a donde está su mamá! Orar es como ir corriendo a donde Dios está. Y lo mismo es cuando lees la Biblia.

¿En qué se parece Dios a una gallina?

QUERIDO DIOS, gracias por guardarme debajo de tus alas. Quiero hablar contigo y leer tus palabras en la Biblia. Amén.

27 de enero

Contando ovejas

Dios quiere que sus amados disfruten de adecuado reposo.
SALMO 127:2

¿Te has sentido alguna vez como la niña del dibujo? ¿Ha habido noches cuando no pudiste dormir? Quizás te das vueltas en la cama y te pones a contar ovejitas. ¿Sabías que puedes hacer otra cosa? Sí, ¡puedes orar! La Biblia dice que dormir es una bendición de Dios. Así que todo lo que tienes que hacer es decírselo a Él para recibirlo. Él te dará ese regalo.

¿Qué harás la próxima vez que no puedas dormir?

QUERIDO DIOS, tú sabes que me canso mucho cuando he pasado jugando todo el día. Cuando vaya a mi cama, voy a confiar que me harás descansar toda la noche. Amén.

28 de enero

Corazones heridos

Él sana a los quebrantados de corazón y les restaña las heridas. SALMO 147:3

Si uno de tus juguetes se rompe, alguien puede arreglarlo. Si te lastimas, alguien puede ponerte una curita.

Cuando una persona se siente muy triste, es como si se hubiera herido por dentro. Nosotros decimos que el corazón de esa persona está herido. ¡Pero una curita no le va ayudar! Solamente Dios puede curar un corazón lastimado. Tú puedes hablar con Dios y Él te puede ayudar.

¿Cuándo te sientes triste? ¿Quién te puede ayudar?

QUERIDO DIOS, gracias por los amigos que oran por mí cuando estoy triste. Gracias por curar mi corazón cuando me siento herido. En el nombre de Jesús. Amén.

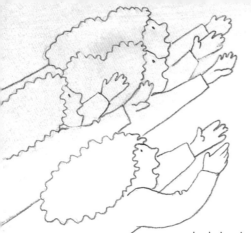

29 de enero

Dios está en su trono

Yo vi al Señor .... Ocupaba un trono sublime, y el Templo estaba lleno de su glória. ISAÍAS 6:1

Dios permitió que un hombre llamado Isaías viera cómo es el cielo. Isaías vio a Dios sentado en un trono como un rey. Había unos seres con luces cantando canciones alegres a Dios. Ellos cantaban así: ¡Santo! ¡Santo! ¡Santo es el Señor! Ellos lo llamaban santo porque Él es perfecto y bueno. Él nunca haría algo malo. Solamente Dios es santo.

¿Cuáles canciones de alabanza te gusta cantar a Dios?

QUERIDO SEÑOR, te alabo porque eres perfecto y bueno. ¡No hay nadie como tú, Dios! Amén

30 de enero

Como un arco iris

En lo alto del cielo... había algo que se parecía a un trono... y sentado sobre él, alguien semejante a un hombre... Había una aureola resplandeciente semejante a un arco iris alrededor de Él. EZEQUIEL 1:26-28

Un hombre llamado Ezequiel vio una luz brillante alrededor de Dios. Era como un arco iris de muchos colores. Cuando veas un arco iris puedes pensar lo especial que Dios es. Sólo Dios está sentado en un trono en el cielo. Nadie más tiene una luz brillante alrededor de Él como un arco iris.

¿Vas a pensar en Dios cuando veas un arco iris? ¿Por qué?

QUERIDO DIOS, te alabo porque eres especial. Gracias por los arcos iris que nos recuerdan de ti. Amén.

31 de enero

¡Nosotros sabremos!

(Jesús oró,) "...para que el mundo sepa que tú me enviaste y entienda que tú los amaste tanto como me has amado a mí.
JUAN 17:23

El Hijo de Dios, Jesús, oró para que nosotros supiéramos acerca del amor de Dios. Dios está sentado en un trono, pero quiere que sepamos cómo es Él. Por eso envió a Jesús. Dios ama a su Hijo. Pero también te ama a ti y a mí de la misma forma. Lo que aprendemos de Jesús en la Biblia nos ayuda a entender el amor de Dios.

Menciona algunas de las personas que Dios ama tanto como ama a su propio Hijo, Jesús.

QUERIDO DIOS, te alabo por tu amor. Soy feliz porque me amas. Yo también te amo. En el nombre de Jesús. Amén.

1 de febrero

Cuando el tiempo comenzó

Entonces Dios dijo: "Haya luz. Y apareció la luz".
GÉNESIS 1:3

Hace mucho, mucho tiempo, Dios creó la tierra. En ese entonces no había gente ni animales. Tampoco había árboles ni arbustos. No había ni siquiera tierra seca. Todo estaba vacío y oscuro. Entonces Dios dijo que hubiera luz y ¡hubo luz! Cuando la vio, Dios se fijó que la luz era buena. Él le puso a la luz el nombre: "Día." Pero como también quería que una parte del tiempo estuviera oscuro, le puso otro nombre: "Noche." Todo esto lo hizo Dios en un solo día.

¿Qué te gusta hacer cuando hay luz? ¿Qué te gusta hacer cuando está oscuro?

QUERIDO DIOS, gracias por darme la luz para que yo pueda hacer muchas cosas. Gracias también por la oscuridad, porque puedo cerrar mis ojos para dormir. ¡Tú sí sabes todo lo que yo necesito! Amén.

2 de febrero

El agua y el cielo

Por lo tanto Dios hizo el cielo, separando los vapores de arriba de las aguas que quedaron abajo. GÉNESIS 1:8

Cuando Dios hizo la tierra, había agua por todos lados, pero no había aire por encima. Él sabía que los pájaros iban a necesitar aire para volar. También sabía que los animales y la gente que iba a crear iban a necesitar aire para respirar.
Por eso, al segundo día, Dios, puso aire por toda la tierra. Él llamó al aire "cielo". Y se dio cuenta que era algo bueno. Dios fue muy inteligente cuando hizo el aire.

¿Por qué crees que Dios hizo el cielo?

QUERIDO DIOS, gracias por el cielo tan bello. Gracias por pensar en lo que el mundo necesita. Amén.

3 de febrero

Los mares y los árboles

Surjan de la tierra toda clase de hierbas y plantas... y árboles frutales en cuyos frutos haya semillas. Todo ocurrió como Dios lo ordenó y quedó complacido. GÉNESIS 1:12

Al tercer día, Dios dijo que las aguas se juntaran para que hubiera tierra seca. A la parte seca, Dios, la llamó: "Tierra". A la parte con agua, la llamó: "Mares". Entonces Dios le ordenó a la tierra que diera plantas, arbustos y árboles. A cada planta le dio semillas para que nacieran más plantas. Todo lo que Dios hizo era bueno.

¿Qué es lo que puedes hacer sobre la tierra?
¿Qué es lo que puedes hacer sobre el agua?

QUERIDO DIOS, gracias por la tierra y el agua. Gracias por la yerba verde y los árboles. Gracias por las plantas con flores bonitas y con frutas sabrosas. Amén.

4 de febrero

Luces en el cielo

Dios hizo dos grandes lumbreras, el sol y la luna, para que alumbraran sobre la tierra .... E hizo además las estrellas.
GÉNESIS 1:16

El cuarto día, Dios hizo otra cosa especial. Él puso el sol en el cielo para que alumbrara de día. Y puso la luna y las estrellas para que alumbraran de noche. De ahí en adelante, cada vez que saliera el sol iba a ser un día nuevo. Y cada vez que saliera una luna nueva, iba a ser un mes nuevo. Y cada tres meses habría una nueva estación: la primavera, el verano, el otoño y el invierno.

¿Cuál es la parte del día que más te gusta?

QUERIDO DIOS, gracias por la luz del sol y por las estrellas brillantes. ¡Gracias por cada día nuevo!
      Amén

5 de febrero

Alas y aletas

"Llénense las aguas de peces y otras especies vivas, y llénense los aires de aves de todo tipo".
GÉNESIS 1:20

Al quinto día, Dios dijo que las aguas se llenaran con peces muy grandes, peces pequeños y otras criaturas como los cangrejos y los delfines. Dios también hizo pájaros para que volaran por el aire. Él hizo águilas muy grandes, gorriones muy pequeños, pájaros rojos, azules y amarillos. Le dijo a los peces que tuvieran pececitos y a los pájaros que tuvieran pajaritos. Y Dios se dio cuenta que todo era bueno.

¿Puedes imaginarte nadando como un pez y volando como un pájaro?

QUERIDO DIOS, gracias por hacer a los peces y a los pájaros. Amén.

6 de febrero

Animales y personas

Dios hizo todo tipo de animales.... Entonces Dios dijo: Hagamos al hombre a nuestra semejanza.
GÉNESIS 1:24,26

En el día sexto Dios hizo todos los animales —grandes elefantes y pequeños insectos, suaves conejitos y pinchantes puercoespines. Entonces Dios hizo la criatura más especial de todas. ¡Él hizo al hombre y a la mujer! Dios hizo a la gente para que fueran igual que Él. Les dijo que tuvieran niños y que cuidaran de todo el mundo. Dios miró todo lo que había creado y vio que era muy bueno.

¿Cómo puedes ser tú bondadoso con los animales? ¿Puedes tener cuidado de las plantas?

QUERIDO DIOS, ¡gracias por crearme a mí! Ayúdame a tener cuidado de todo tu mundo. Amén.

7 de febrero

Un día para descansar

Y bendijo el séptimo día y lo instituyó como día santo, porque era el día en que había terminado su obra de creación. GÉNESIS 2:3

Dios terminó todo su trabajo en seis días. En el séptimo día, Dios se puso a descansar. Dios lo hizo un día especial y santo para su pueblo.

Por mucho tiempo, el pueblo de Dios descansó el séptimo día de cada semana. Entonces, el Hijo de Dios, Jesús, murió y volvió a la vida el primer día de la semana. Desde entonces, el pueblo de Dios descansa y lo adora el primer día de la semana.

¿Qué es lo que te gusta hacer en el día especial de Dios?

QUERIDO DIOS, me alegra que hayas tenido un día de descanso. Y me alegra mucho que hayas hecho especial un día de cada semana para mí. Amén.

8 de febrero

Te alabo, Dios

¡Oh Señor, qué variedad de vida has hecho! ¡Y con qué sabiduría lo has hecho todo!... Cantaré al Señor mientras viva. SALMO 104:24,33

Dios puede hacer muchas cosas maravillosas porque Él es un Dios grande y maravilloso. Nadie tiene tanta sabiduría como Él. Dios es muy sabio y sabe cómo hacer todo. Él manda luz y lluvia sobre los campos para que los árboles frutales crezcan y la gente tenga qué comer. ¡Alabemos a Dios y digámosle que nosotros sabemos lo grande que Él es!

¿Por qué debemos alabar a Dios?

QUERIDO DIOS, te alabo por todas las cosas maravillosas que has hecho. ¡Tú eres un Dios muy, muy grande! Amén.

9 de febrero

¡Este es el mundo de Dios!

A Dios pertenece la tierra. Suyo es cuanto hay en el mundo. SALMO 24:1

Lo que tú haces es tuyo, ¿no es cierto? Nadie podría hacer las cosas como tú. Lo mismo pasa con Dios. Él hizo el mundo, por eso el mundo es de Él. Nos hizo a nosotros, ¡así que le pertenecemos a Él! Dios nos ama tanto que quiere que disfrutemos el mundo. Él no hizo el mundo solamente para Él. Lo hizo para ti y para mí. ¿Verdad que Dios es maravilloso?

¿A quién le pertenece el mundo?

QUERIDO DIOS, gracias que compartes el mundo conmigo. Y gracias por ayudarme a hacer dibujos bonitos del mundo que tú hiciste. Amén.

10 de febrero

¿Por qué nos cuida Dios?

*Cuando alzo la vista al cielo nocturno y
contemplo la obra de tus manos, la luna y las
estrellas que tú hiciste, no logro comprender por
qué te ocupas del insignificante hombre y le prestas
atención.* SALMO 8:3-4

¿Has visto alguna vez la luna y las estrellas y has pensado en
lo lejos que están? ¿Has tratado de contar las estrellas? Dios
tiene que ser maravilloso para haber hecho el cielo y todas las
cosas que en él hay.

Uno tiene que preguntarse por qué un Dios tan grande y
maravilloso se preocupa por la gente. ¿Somos importantes para Él?
Sí, somos importantes. Eso es lo que Dios mismo dice. Y demuestra
que se preocupa por la gente cuando hace tantas cosas
maravillosas por nosotros.

*¿Eres importante para
Dios? ¿Cómo sabes que
eres importante para Él?*

QUERIDO DIOS, sé que tú
hiciste todas las estrellas y
todas las cosas que están
en el cielo. Me alegra
saber también que tú me
amas y te preocupas por
mí. Amén.

11 de febrero

¿Qué hay en un nombre?

(El ángel le dijo a José) Ese hijo nacerá, y le pondrás por nombre Jesús, que quiere decir "Salvador", porque salvará a su pueblo del pecado. MATEO 1:21

Mucho tiempo después que Dios hizo el mundo, hizo también unos planes especiales. Dios quería que la gente supiera cuánto Él los amaba. Así que hizo planes para enviar a su propio Hijo al mundo. El niño iba a ser parte de la familia de María y de José. Un ángel le dijo a José que le pusiera el nombre de Jesús. Su nombre significa: "El Señor salva". Porque Él quiere salvarnos de nuestros pecados. Los pecados son las cosas malas que nosotros hacemos.

¿Celebraste el cumpleaños de Jesús las Navidades pasadas? ¿Qué significa el nombre de Jesús?

QUERIDO DIOS, gracias por enviar a Jesús para salvarnos de las cosas malas que nosotros hacemos. Amén.

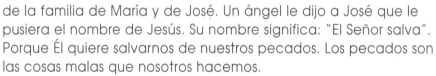

45

12 de febrero

Sigamos al líder

¿Eres el Mesías, el Hijo de Dios? "Lo soy", le respondió (Jesús) MARCOS 14:61,62

A Jesús se le llamó también "el Cristo" o "Jesucristo". Este nombre significa: "un gran líder enviado por Dios para salvar a su pueblo".

Los países tienen líderes. En muchos países se les llama: "Presidentes". En otros países se les llama: "El Rey" o "La Reina". Pero ninguno de esos líderes es como Jesús. Él es Dios y solamente Él nos puede salvar de las cosas malas que hacemos.

¿Por qué es Jesús el líder más grande?

QUERIDO DIOS, gracias por enviar a tu Hijo para que fuera mi líder. Yo digo esto en el nombre de Jesucristo. Amén.

46

13 de febrero

Un nombre nuevo

*Fue en Antioquía donde
por primera vez llamaron
cristianos a los creyentes.*
HECHOS 11:26

Cuando Jesús vivió en esta tierra, mucha gente lo seguía dondequiera que Él iba. Mucha de esa gente creyó que Él era el Hijo de Dios. Cuando Jesús regresó a los cielos, más gente aun creyó en Él. Algunos de esos creyentes vivían en la ciudad de Antioquía. Y en esa ciudad fue donde primero se les llamó: "Cristianos."

Un cristiano ama y obedece al Hijo de Dios, Jesucristo.

¿Qué es lo que un cristiano cree de Jesús?

QUERIDO DIOS, gracias porque puedo creer en ti. Ayúdame a amarte y obedecerte. Digo esto en tu nombre. Amén.

14 de febrero

Un buen pastor

(Jesús dijo): Yo soy el buen pastor. JUAN 10:11

Jesús quería que nosotros supiéramos que Él nos ama y que cuidará muy bien de nosotros. Por eso se puso este nombre especial: "el buen pastor". En los tiempos bíblicos, un pastor caminaba enfrente de sus ovejas y ellas lo seguían. El pastor las llevaba a campos donde había pasto verde. Él también las cuidaba de los animales salvajes. Jesús es como un pastor y nosotros como sus ovejas. Él nos cuida muy bien.

¿Por qué se puso Jesús el nombre: el buen pastor?

QUERIDO DIOS, gracias por ser mi pastor. Gracias por dejarme ser una de tus ovejas. Amén.

15 de febrero

Padre e Hijo

Y una voz de los cielos dijo: "Este es mi Hijo amado, y en Él me complazco". MATEO 3:17

¿Verdad que uno se siente muy bien cuando nuestros padres dicen algo bueno de nosotros? Jesús se debió sentir muy contento cuando su Padre en los cielos dijo cosas buenas de Él. Jesús acababa de bautizarse en un río para demostrar que Él pertenecía a Dios. Él se metió en el agua y cuando salió, Dios, su Padre que está en el cielo, dijo que amaba a Jesús y que estaba muy contento con Él.

¿Cómo se sentía Dios con su Hijo Jesús?

QUERIDO DIOS, gracias por mi familia. Gracias porque todos podemos pertenecer a ti, como te pertenece tu Hijo Jesús. Amén.

16 de febrero

Los hijos y las hijas de Dios

Miren cuánto nos ama el Padre celestial que permite que seamos llamados hijos de Dios. ¡Y lo más maravilloso es que de veras lo somos! 1 JUAN 3:1

Mamá, papá, hermanas, hermanos, tías, tíos, primos, abuelos, –¡hay personas que tienen familias muy grandes! ¡Dios nos ama tanto que quiere que nosotros seamos parte de su familia! Para eso, Dios envió a su Hijo Jesús. Todos los que amaron a Jesús en el pasado y todos los que le aman hoy son llamados hijos e hijas de Dios.

¿Cómo llama Dios a aquellos que aman a Jesús?

QUERIDO DIOS, me alegra que tengas una familia muy grande y que quieras que yo sea uno de tus hijos. Amén.

17 de febrero

Pertenecer

Pero a todos los que lo recibieron, a los que creen en su nombre, les concedió el poder de convertirse en hijos de Dios. JUAN 1:12

Las personas con las que tú vives son tu familia. Ellos te aman y tú perteneces a ellos. Pero también puedes pertenecer a la familia de Dios. Para eso, necesitas creer que Jesús es el Hijo de Dios. Necesitas aceptar que Él es el único que puede salvarte de las cosas malas que hacemos. Porque Jesús quiere que tú seas un hijo o una hija de Dios. Él quiere que seas parte de la familia de Dios.

¿A qué familia quiere Jesús que tú te unas?

QUERIDO JESÚS, gracias porque quieres que sea parte de la familia de Dios. Ayúdame a creer en ti. Amén.

18 de febrero

Hermanos y hermanas

¡El que obedece a mi Padre que está en los cielos es mi hermano, mi hermana y mi madre! (Jesús dijo) MATEO 12:50

Cuando Jesús estuvo en la tierra, él también tuvo una familia. Él vivió con su mamá María y José su esposo, que fue como un padre para Él. Pero el verdadero padre de Jesús es Dios, el que está en los cielos. Así que realmente, la verdadera familia de Jesús es la familia de Dios. Los niños y adultos que aman y obedecen a Dios son los hermanos y hermanas de Jesús.

¿Cómo puedes ser tú un hermano o una hermana de Jesús?

QUERIDO DIOS, te amo. Ayúdame a aprender lo que tú quieres de mí. Gracias porque puedo ser parte de la familia donde estás tú y tu Hijo, Jesús. Amén.

19 de febrero

Palabras dulces

Tus palabras son más dulces que la miel.
SALMO 119:103

Tu cuerpo necesita hacerse fuerte. Por eso, tu mamá y tu papá te dan comida. Tu amor por Dios necesita hacerse fuerte también. Tú necesitas saber que Dios es un buen Padre que ha prometido amarte y cuidarte. Cuando oyes sus promesas, es como comer miel, galletas o pan dulce. ¿Verdad que es lindo saber que tenemos un Padre en el cielo que hace promesas tan dulces?

¿Qué es lo que tu Padre en el cielo promete hacer por ti?

QUERIDO DIOS, quiero aprender todo sobre tus dulces promesas en la Biblia. ¡Así voy a poder amarte más! Amén.

20 de febrero

Todos somos especiales

Somos cristianos; somos uno en Cristo Jesús.
GÁLATAS 3:28

La gente es muy diferente. Hay unos que son altos, otros que son bajitos. Unos tienen ojos color café, otros los tienen azules. Unos son maestros, otros son estudiantes. Unos son muchachos, otras son muchachas.

Pero la Biblia dice que todos los que aman a Jesús son iguales. Ellos se pueden ver diferentes por fuera. Pero para Dios, ellos se ven lo mismo. Ellos son especiales para Dios y a todos los ama igual. Él los ama a todos, como amó a su Hijo, Jesús.

Si las personas se ven diferentes, ¿cómo pueden ser iguales?

QUERIDO DIOS, gracias por todas las diferentes personas que hay en tu familia. Gracias por amar a cada uno de ellos. Ayúdame para que yo haga lo mismo también. Amén.

21 de febrero

Ángeles en una escalera

Mientras dormía soñó que había una escalera desde la tierra hasta el cielo, y vio ángeles que subían y bajaban por ella. GÉNESIS 28:12

Jacob estaba durmiendo en el campo. Dios le dio un sueño especial para que supiera que no estaba solo realmente. ¡Dios le mostró unos ángeles! Dios hizo muchos ángeles. Ellos lo adoran en el cielo. Ellos vienen a la tierra, pero nosotros no los podemos ver muchas veces. En ocasiones, Dios los manda con mensajes especiales. Y muchas veces, Dios los manda para protegernos.

¿Cuáles son algunas de las cosas que los ángeles hacen?

QUERIDO DIOS, gracias por los ángeles y por cuidarme muy bien. Amén.

22 de febrero

Un ángel con un mensaje

Anoche un ángel de Dios, a quien pertenezco y sirvo, estuvo junto a mí y dijo: 'No temas, Pablo...'' HECHOS 27:23- 24

Pablo estaba en un barco cuando empezó una tormenta muy fuerte. Los demás hombres que estaban con él tenían mucho miedo. Pero Pablo les dijo que no deberían tener miedo. Él les dijo que Dios había enviado un ángel con un mensaje especial. ¡Todos iban a salir bien de la tormenta! ¿Verdad que Dios fue muy bueno al enviar un ángel con ese mensaje?

¿Quién le trajo un mensaje de Dios a Pablo? ¿Recuerdas un mensaje que los ángeles les trajeron a los pastores?

QUERIDO DIOS, gracias por enviar ángeles con mensajes especiales. Me alegra saber que la Biblia habla de tus ángeles. Amén.

23 de febrero

Un ejército de ángeles

Y el Señor abrió los ojos del criado, y miró, y he aquí que el monte estaba lleno de caballos y carros de fuego alrededor de Eliseo. 2 REYES 6:17

Tú no puedes ver a Dios. Y por lo general no puedes ver a los ángeles. Pero Dios los envía para ayudarte y para que estés seguro. Él puede enviar un ángel o muchos de ellos. Una vez un ejército enemigo atacó a una ciudad. El ayudante de Eliseo tenía mucho temor. Así que Dios permitió que el joven viera a los ángeles. Ellos vinieron como soldados, y ¡estaban por todas partes! Ellos mantuvieron a Eliseo y a su ayudante a salvo.

¿Cuándo Dios puede enviar ángeles para guardarte?

QUERIDO DIOS, yo no puedo ver a los ángeles. Pero estoy feliz de que tú estás conmigo y que envíes a los ángeles a cuidarme. Amén

24 de febrero

Una burra ve a un ángel

La burra de Balaam vio repentinamente al ángel del Señor que estaba en el camino con una espada desenvainada. NÚMEROS 22:23

Un hombre llamado Balaam iba cabalgando en su burra cuando un ángel se le apareció en medio del camino. Él no podía ver el ángel, pero la burra sí. La burra hasta se salió del camino para no tropezar con el ángel. Balaam la golpeó por salirse del camino. Hasta que por fin Balaam pudo verlo. El ángel tenía un mensaje de Dios para él. Balaam lo obedeció y Dios lo protegió. Y Balaam se dio cuenta que tenía una burra muy inteligente.

¿Cómo ayudó la burra a Balaam?

QUERIDO DIOS, gracias por ayudarnos en nuestro camino. Gracias por tus ángeles que pones en el camino para que no tomemos el rumbo equivocado. Amén.

CONOCIENDO ÁNGELES

25 de febrero

Gente común y corriente

Muchos sin darse cuenta, han hospedado ángeles. HEBREOS 13:2

La mayoría de las veces no podemos ver a los ángeles. Hay veces que ellos tienen una luz radiante alrededor de ellos. Pero en otras ocasiones, ellos parecen gente común y corriente. En cierta ocasión, Abraham vio a tres hombres que venían a su tienda. Él no los conocía, pero les dio de comer. Resultó que eran ángeles. ¡Ellos le dijeron que Dios les iba a dar, a Abraham y a su esposa, un hijo!

¿Qué fue lo que Abraham hizo por aquellos tres extraños?

GRACIAS DIOS, por los ángeles y por la gente común y corriente. Muéstrame cómo ser amistoso, especialmente con los niños recién llegados a mi vecindario. Amén.

26 de febrero

En el foso de los leones

Oh rey, ¡vive para siempre! "Mi Dios ha enviado su ángel para cerrar las bocas de los leones para que no pudieran tocarme..".
DANIEL 6:21-22

Daniel amaba a Dios. Él oraba tres veces al día. Pero había unos hombres que no amaban a Dios a quienes no les caía bien. Por eso lanzaron a Daniel a un foso lleno de leones fieros y hambrientos. Pero Daniel confiaba en que Dios lo iba a cuidar. ¡Y Dios lo cuidó! Dios envió un ángel. Este ángel le cerró las bocas a los leones para que no le hicieran nada a Daniel.

¿Cómo ayudó Dios a Daniel?

TE AMO, DIOS, como Daniel te amó. Yo no veo ningún león, ¡pero sé que tú me guardas de todo peligro! Gracias, Dios. Amén.

27 de febrero

Fuera de la cárcel

Una luz repentina inundó la celda y un ángel del Señor se paró junto a Pedro. HECHOS 12:7

A Pedro le gustaba predicar sobre Jesús, pero había mucha gente a la que no le gustaba eso. Por esa razón, ellos lo metieron en la cárcel. Lo encadenaron y pusieron dos guardias para vigilarlo. Mientras varios de sus amigos oraban por él, un ángel vino y lo despertó. Las cadenas se soltaron y Pedro se fue siguiendo al ángel. Entonces se abrieron las puertas de la cárcel. El ángel desapareció, ¡pero Pedro estaba a salvo!

¿Quién estaba orando por Pedro?
¿Cómo contestó Dios sus oraciones?

QUERIDO DIOS, por favor, envía a tus ángeles para ayudar a aquellos que quieren hablar a otros sobre tu Hijo, Jesús. Amén.

28 de febrero

Comida en el desierto

Entonces se acostó y se quedó dormido bajo el arbusto. Pero mientras dormía, un ángel lo tocó y le dijo que se levantara y comiera. 1 REYES 19:5

Elías estaba triste. También tenía mucho miedo. Una reina muy mala estaba haciendo planes para matarlo. Elías tuvo que huir hacia un desierto caliente y seco. Y se quedó dormido. Se sentía solo y con hambre. ¡Pero Dios envió un ángel para darle ánimo! El ángel le dijo que debía comer. Cuando Elías miró alrededor, encontró un pan y una jarra con agua y se puso a comer y a beber. Eso lo ayudó a sentirse mejor.

¿Cuándo has necesitado que alguien te dé ánimos? ¿Cómo puede ayudarte Dios en esos momentos?

QUERIDO DIOS, me alegra que los ángeles puedan dar ánimos cuando la gente se siente triste y cansada. Amén.

29 de febrero

Ángeles dondequiera

Él ordena a sus ángeles que te protejan por dondequiera que vayas. SALMO 91:11

Los ángeles de Dios ayudan a la gente de la Biblia, y ellos te pueden ayudar a ti. ¿Sabes tú quién da las órdenes a todos los ángeles? ¡Dios! Él les dice a dónde ir y cómo ayudar a las personas.

Dios te ama y quiere que tú estés seguro. Él va contigo dondequiera que vayas. Él le dice a sus ángeles que te acompañen. Él les dice que te conserven seguro.

¿A dónde irás hoy? ¿mañana? ¿Pueden los ángeles de Dios protegerte dondequiera que vayas?

QUERIDO DIOS, gracias por mandar a los ángeles que me cuiden. Ayúdame a confiar en ti siempre. En el nombre de Jesús. Amén.

1 de marzo

Un viaje especial

A los doce años Jesús acompañó a sus padres a Jerusalén en ocasión de las fiestas pascuales. LUCAS 2:41-42

En los tiempos de Jesús, la gente que amaba a Dios iba a Jerusalén todos los años. Ellos iban allá para adorar a Dios en el Templo. El templo era como una iglesia muy grande y muy bonita. Jesús, su familia y sus amigos tenían que caminar mucho para llegar allí, pero iban muy contentos de ir al Templo.

¿Alguna vez has ido a un lugar especial para adorar a Dios? (Tal vez durante unas vacaciones o cuando estuviste en una ciudad grande)

GRACIAS DIOS, por aquellos lugares especiales donde puedo orar y cantar para ti con toda mi familia. Amén.

2 de marzo

¡Se perdió!

Una vez terminadas las celebraciones, partieron de regreso a Nazaret, pero Jesús se quedó en Jerusalén. Sus padres no se dieron cuenta durante aquel primer día, porque dieron por sentado que andaba con algunos amigos que viajaban con ellos en la caravana. Pero al ver que caía la noche y no aparecía, se pusieron a buscarlo... LUCAS 2:43-44

¿Cómo piensas que María y José se sintieron cuando no encontraban a Jesús? ¿Con miedo? ¿Enojados?

Todos los padres quieren cuidar bien a sus hijos. Por eso es que tu mamá quiere llevarte de la mano cuando van a algún lugar. Por eso también es que ellos buscan a alguien de confianza para que te cuiden cuando ellos no están.

¿Cómo se aseguran tus padres de que estés bien y seguro?

QUERIDO DIOS, gracias porque mi familia me cuida y me protege. Amén.

3 de marzo

¡Encontrado!

*Tres días más tarde lo
encontraron en el Templo,
sentado entre los maestros de la
ley y metido en discusiones tan
profundas que aun aquellos
expertos se maravillaban de su
inteligencia y de sus respuestas.*
LUCAS 2:46-47

Por fin, María y José encontraron
a Jesús. Él estaba en el templo
hablando con los maestros de la ley. Aunque Jesús nada más
tenía doce años, Él sabía mucho sobre la Ley de Dios.
Los maestros de la ley no sabían que Jesús era el Hijo de Dios.
Ellos estaban sorprendidos por todo lo que Él sabía.

¿De qué estaba Jesús hablando en el templo?

QUERIDO DIOS, gracias por los maestros
que me ayudan a conocer más de ti y
de tus leyes. Gracias por todos
aquellos que me leen historias
bíblicas. En el nombre de Jesús.
Amén.

4 de marzo

Unos padres preocupados

"¡Hijo!" dijo su madre al fin. ¿Por qué nos has hecho esto? Tu padre y yo hemos estado desesperados buscándote por todas partes. "¿Por qué me buscaban" le respondió Jesús. LUCAS 2:48-49

María y José estaban preocupados por Jesús. Ellos no sabían que Él estaba bien en el templo. Tuvieron que buscar por muchos lugares antes de encontrarlo. Jesús no se estaba escondiendo. Tampoco quería preocupar o enojar a sus padres. Él pensó que sus padres sabrían dónde encontrarlo.

¿Por qué estaban María y José preocupados? ¿Recuerdas alguna vez cuando tus padres se preocuparon por ti?

QUERIDO DIOS, gracias por mi familia. Ayúdame para que yo no les dé preocupaciones. Amén.

5 de marzo

Un padre especial

"¿Por qué me buscaban?", le respondió Jesús. ¿No se les ocurrió pensar que estaba en el Templo ocupado en los asuntos de mi Padre? LUCAS 2:49

Jesús sabía algo de sí mismo que nadie más podía entender. Él sabía que su familia lo amaba y lo cuidaba muy bien. Pero también sabía que su verdadero Padre era Dios.

Al templo grande y hermoso donde la gente iba a adorar lo llamaban: "La Casa de Dios". Por eso, Jesús, la llamaba "la Casa de mi Padre". Jesús amaba a su Padre celestial y quería pasar tiempo en su casa.

¿Por qué le gustaba a Jesús estar en el Templo?

QUERIDO DIOS, gracias que puedo adorarte y aprender a obedecerte en mi iglesia. Ahí puedo aprender a ser bueno y ayudar a la gente. Amén.

PERDIDO EN JERUSALÉN

6 de marzo

Días para aprender

Regresaron a Jerusalén... Jesús obedecía a sus padres, y mientras tanto crecía en estatura y en sabiduría... Lucas 2:51-52

Jesús regresó con María y José a su pueblo, Nazaret. Ahí fue donde Jesús creció. Él ayudaba a su familia y hacía todo lo que ellos le decían. Es probable que acarreara agua del pozo para su mamá y le ayudara a su papá en el taller de carpintería. Fue creciendo y haciéndose más inteligente. Él sabía hacer lo bueno y eso fue lo que siempre hizo.

¿En qué formas creció Jesús?

QUERIDO DIOS, ayúdame a crecer para ser como tu Hijo, Jesús. Enséñame cómo ayudar a mi familia y a aprender muchas cosas de ellos. Amén.

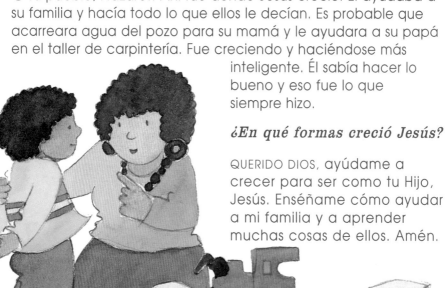

7 de marzo

Doce amigos especiales

Seleccionó doce para que estuvieran siempre con Él, salieran a predicar, y tuvieran autoridad para sanar enfermedades y echar fuera demonios. MARCOS 3:14

Jesús creció y comenzó a enseñar a la gente sobre Dios. Él quería que otros también enseñaran al pueblo de Dios. Por eso escogió a doce amigos especiales para que lo siguieran y aprendieran de Él. Él escogió a Pedro, Santiago y a Juan. También escogió a Andrés, Felipe y Bartolomé. También escogió a Mateo, Tomás y a otro hombre llamado Jacobo. Él escogió a Tadeo, Simón y también a Judas. Ellos aprendían cómo hablar de Jesús a otras personas.

¿Qué era lo que Jesús quería que sus ayudantes especiales hicieran?

QUERIDO DIOS, yo también quiero aprender de tu Hijo, Jesús. Ayúdame a enseñar a otros sobre ti. En el nombre de Jesús. Amén.

8 de marzo

La gente feliz

¡Dichosos los que reconocen humildemente sus necesidades espirituales...Dichosos los bondadosos... los de limpio corazón...los que luchan por la paz... MATEO 5:3,7,8

Un día, Jesús subió a una montaña y se sentó para enseñar a sus amigos cómo ser felices. Les dijo que la gente puede ser feliz cuando se da cuenta cuánto necesita la ayuda de Dios. También les dijo que la gente puede ser feliz cuando es bondadosa y quieren ayudar a otros para vivir en paz.

¿Qué cosas puedes hacer para ser feliz?

QUERIDO DIOS, gracias que tu Hijo nos enseñó cómo ser felices. En el nombre de Jesús. Amén.

9 de marzo

Dejen que los niños vengan

En cierta ocasión en que algunas madres traían a sus niños para que los bendijera, los discípulos las reprendieron... Cuando Jesús se dio cuenta de lo que estaba pasando, se disgustó con los discípulos. "Dejen que los niños vengan a mí" les dijo. MARCOS 10:13-14

Los ayudantes de Jesús pensaban que Jesús no quería que los niños lo molestaran. ¡Qué equivocados estaban! Jesús amaba a los niños y quería estar con ellos.

Es probable que tú tengas un abuelo o un amigo que nunca está ocupado para pasar tiempo contigo. Esa persona, ¿te abraza y ora por ti? ¡Entonces tú sabes cómo es Jesús!

¿Cómo se siente Jesús con los niños?

QUERIDO JESÚS, soy feliz porque me amas. Yo también te amo a ti. En tu nombre. Amén.

10 de marzo

La cena está lista

Al tocarla Jesús, la fiebre la dejó y se levantó a prepararles comida. MATEO 8:15

La esposa de Pedro estaba muy triste porque su mamá estaba enferma. Su mamá estaba en cama con fiebre. Fue entonces que Jesús vino a visitarla, y se dio cuenta que ella estaba muy enferma. Él quería y sabía que podía ayudarla. Entonces tocó su mano y ella se sanó. ¡Ella se levantó de la cama inmediatamente y se puso a cocinar!

¿Cómo ayudó Jesús a la mujer que estaba enferma?

QUERIDO JESÚS, gracias porque te preocupas por la gente que está enferma. Yo sé que tú puedes ayudar a mis amigos cuando ellos estén enfermos. Gracias también por ayudarme. Amén.

11 de marzo

No tengas miedo

Pero Jesús le dijo a Jairo: No temas, cree y la niña vivirá. LUCAS 8:50

Un hombre que se llamaba Jairo tenía una hija que estaba enferma. Él le pidió a Jesús que lo ayudara. Pero la niña estaba tan enferma que murió antes que Jesús hiciera algo. Pero Jesús le dijo a Jairo que no tuviera miedo. Él quería que Jairo supiera que todavía le podía ayudar. Jesús fue a casa de Jairo y revivió a la niña. Sus padres se quedaron admirados, ¡y se pusieron muy contentos!

¿Por qué Jairo no debía tener miedo?

QUERIDO JESÚS, gracias porque puedo confiar en ti cuando estoy enfermo. Ayuda a mi familia para que confíe también en ti. Amén.

12 de marzo

Ama a tu prójimo

El hombre... preguntó: ¿Y a quién debo considerar mi prójimo?
LUCAS 10:29

Jesús contó una historia de un hombre que necesitaba ayuda. Unos ladrones le habían robado el dinero y lo habían herido. Dos hombres pasaron por su lado, pero no le ayudaron. Entonces pasó un forastero y se detuvo para ayudarlo. Él le vendó las heridas y se lo llevó a un mesón donde pudiera descansar. Jesús dijo que aquellos que necesitan de nuestra ayuda son nuestros prójimos. Nosotros debemos ser como el hombre que se detuvo para ayudar.

¿Sabes de alguien que necesite de tu ayuda?

QUERIDO DIOS, enséñame cómo amar a mi prójimo, aun aquellos que no son buenos conmigo. En el nombre de Jesús. Amén.

13 de marzo

La oveja perdida

...y corre a contarlo a sus amigos para que éstos se regocijen con él. LUCAS 15:6

Jesús contó una historia de un hombre que tenía cien ovejas y a quien se le había perdido una. Él la buscó por todas partes hasta que la encontró. ¡Se puso tan contento! Levantó la ovejita y se la puso en los hombros. Entonces llamó a sus amigos e hizo una gran fiesta.

¡Jesús te ama más de lo que el pastor amaba a su ovejita! Jesús te cuida muy bien.

¿Cómo ayudó el pastor a la ovejita? ¿Y en qué forma te ayuda Jesús a ti?

QUERIDO JESÚS, yo soy como tu ovejita. Yo sé que tú me amas mucho. Muchas gracias. Amén.

14 de marzo

La semillita

El reino de los cielos es como una pequeña semilla de mostaza plantada en un campo. La semilla de mostaza es la más pequeña de todas las semillas, pero se convierte en un árbol enorme en cuyas ramas los pájaros hacen sus nidos. MATEO 13:31-32

¿Alguna vez has plantado una semilla pequeña? ¿La regaste y esperaste a que creciera? La semillita de mostaza crece como el árbol del dibujo. La familia de Dios ha crecido como un árbol muy grande. Todos los que aman y obedecen a Jesús pertenecen al reino de los cielos.

¿Cómo puedes tú llegar a ser parte del Reino de Dios?

QUERIDO DIOS, gracias por tu Hijo Jesús. Me alegra que él vino para ayudarme a ser parte de tu Reino. Amén.

77

15 de marzo

Una tormenta

Inalterable, Jesús se levantó, reprendió a los vientos y dijo a las olas: "¡Cálmense!" ...los vientos cesaron. MARCOS 4:39,40

Jesús estaba durmiendo cuando se desató la tormenta. Los vientos azotaban muy fuerte y el bote se empezó a llenar de agua. A los amigos de Jesús les dio mucho miedo. Fueron a despertar a Jesús y le gritaron: "¡Nos estamos ahogando!" Jesús le dijo a la tormenta que se parara. Entonces preguntó a sus amigos por qué habían tenido miedo. Él quería que confiaran en Él.

¿Cómo ayudó Jesús a sus amigos en la tormenta?

QUERIDO JESÚS, gracias por estar conmigo durante las tormentas y otras veces cuando tengo miedo. Ayúdame a confiar en ti. Amén.

78

16 de marzo

Comida para todos

Por ahí anda un muchacho ... que trae cinco panes de cebada y dos pescados. JUAN 6:9

Por muchas horas ese día, más de cinco mil personas habían estado oyendo a Jesús enseñando sobre Dios. Y ya tenían mucha hambre y estaban muy cansados. No había ningún pueblo por esos lugares donde ir a comprar comida. Pero un niño le dio su almuerzo a Jesús. Él tomó aquel poquito de comida y lo convirtió en mucha. Con toda esa comida alimentó a toda la gente.

¿A cuánta gente dio de comer Jesús con un pequeño almuerzo?

QUERIDO JESÚS, gracias por todas las cosas especiales que tú puedes hacer. Gracias por darme suficiente comida cada día. Amén.

17 de marzo

¿Quién está tocando la puerta?

Pide con insistencia y se te dará; busca y hallarás; llama y se te abrirá. LUCAS 11:9

Imagínate que una persona te visita bien tarde en la noche. Como no tienes pan, tienes que ir a pedírselo a tu vecino, ¿verdad? Pero tu vecino no se quiere levantar. Pero tú sigues tocando la puerta hasta que él se levanta a darte el pan.

Jesús dijo que cuando nosotros oramos, debemos insistir por las cosas que necesitamos. No debemos darnos por vencido cuando parece que Dios no nos contesta inmediatamente.

¿Necesitas pan para comer? ¿Ropa para vestir? ¿Qué más tú necesitas? ¿Puedes platicar con Dios sobre las cosas que necesitas?

QUERIDO DIOS, gracias por dejarme hablar contigo. Me alegra que tú me darás lo que necesito en el tiempo apropiado. Amén.

18 de marzo

¡Que viva Jesús!

Una enorme multitud de visitantes pascuales, con palmas en las manos, se lanzó al camino al encuentro de Jesús...
JUAN 12:12-13

Había llegado el tiempo para ir a Jerusalén. Jesús pidió a dos de sus amigos que trajeran un burrito para montarlo en su entrada a la ciudad. Mucha gente salió a recibir a Jesús ese día. ¡Fue como un gran desfile! La gente ondeaba las palmas y alababa a Dios con gritos de júbilo.

Todos los años celebramos en la iglesia ese día. Se llama: "Domingo de Ramos."

¿Cómo recibieron a Jesús sus amigos?

QUERIDO JESÚS, me hubiera gustado recibirte con palmas el día en que entraste montado en un burrito.
Pero todavía puedo adorarte y decirte que te amo. Amén.

19 de marzo

Una noche muy larga

Al amanecer, los principales sacerdotes y funcionarios judíos se reunieron a deliberar sobre la mejor manera de lograr que el gobierno romano condenara a muerte a Jesús. MATEO 27:1

Cuatro días después de que Jesús llegó en un burrito a Jerusalén, Él tuvo una cena muy especial con sus ayudantes. Después se fue con ellos a orar en un jardín. Él sabía que iban a suceder cosas muy tristes. Y así fue. Unos hombres con espadas y palos se llevaron a Jesús.

A la mañana siguiente, los líderes decidieron matar a Jesús. Él nos amaba tanto que no huyó. Él estaba dispuesto a morir por nuestros pecados.

¿Por qué Jesús no huyó?

QUERIDO JESÚS, me pongo triste cuando pienso en lo que la gente te hizo. Tú los dejaste porque amabas mucho a toda la gente. Amén.

20 de marzo

En una cruz de madera

Cuando llegaron al lugar llamado la Calavera lo crucificaron.... "¡Padre, perdónalos!", exclamó Jesús. ¡No saben lo que hacen!
LUCAS 23:33-34

Los enemigos de Jesús querían matarlo. Ellos lo pusieron en una cruz hecha de dos pedazos de madera. Pero Jesús no estaba enojado con ellos. Él hasta le pidió a Dios que los perdonara. Él se quedó en la cruz y murió ahí para que los pecados de toda la gente pudieran ser perdonados. Sus amigos se pusieron muy tristes. Ellos pensaban que ya no lo iban a volver a ver después de ese viernes. ¡Pero les esperaba una gran sorpresa!

¿Por qué se quedó Jesús en la cruz?

QUERIDO JESÚS, gracias por morir para que los pecados de toda la gente fueran perdonados. Amén.

21 de marzo

La tumba

José tomó el cuerpo ....
puso el cuerpo de Jesús en la tumba...
Un ángel acababa de descender del cielo y, tras remover la piedra, se había sentado en ella...
Los guardias temblando de miedo, se quedaron como muertos.
MATEO 27:60; 28:2,4

Había unos soldados cuidando la tumba donde un amigo de Jesús lo había enterrado. Entonces, el domingo por la mañana, la tierra tembló y bajó un ángel del cielo. El ángel rodó la piedra que cerraba la entrada a la tumba. Los soldados tuvieron mucho miedo. Jesús ya no estaba en la tumba!

¿A quién ves en la tumba?

QUERIDO DIOS, me alegra saber que Jesús no se quedó en la tumba. Gracias por traerlo de nuevo a la vida. Amén.

22 de marzo

Una sorpresa maravillosa

Pero el ángel dijo a las mujeres: "No teman. Sé que buscan a Jesús, el crucificado. Pero no lo encontrarán aquí, porque ha resucitado como se lo había dicho." MATEO 28:5-6

Unas mujeres se levantaron temprano el domingo por la mañana. Iban caminando muy tristes hacia la tumba. ¡Pero qué sorpresa más bella les aguardaba! En la tumba estaba un ángel. ¡Él les dijo que Jesús estaba vivo! Y les dijo también que fueran a decirles las buenas nuevas a los ayudantes de Jesús.

Todos los años celebramos esta fecha. La llamamos: "El Día de Resurrección".

¿Cuáles fueron las buenas nuevas que el ángel tenía?

QUERIDO DIOS, ayúdame a compartir las buenas nuevas con mi familia y mis amigos. Amén.

23 de marzo

Un visitante especial

Una vez sentados a la mesa, tomó el pan, lo bendijo y lo fue pasando. LUCAS 24:30

Era el domingo por la tarde. Jesús había resucitado esa misma mañana. Dos de sus amigos iban caminando solos por el camino. Ellos estaban tristes porque no sabían que Jesús estaba vivo. Jesús caminaba con ellos, pero ellos no lo reconocieron. Les explicó muchas cosas que la Biblia decía sobre Él. Como a ellos le gustó lo que Él hablaba, lo invitaron para que se quedara. ¡Y cuando estaban comiendo, se dieron cuenta quién era Él!

¿Quién era el visitante especial?

QUERIDO JESÚS, yo sé que tú vives, por eso no tengo que estar triste. ¡Te amo! Amén.

24 de marzo

Pescado para Jesús

Y mientras hablaban, Jesús mismo se apareció entre ellos y los saludó... Le dieron un pedazo de pescado asado y un panal de miel, y se los comió delante de ellos. LUCAS 24:36,42-43

Los ayudantes de Jesús estaban juntos en un cuarto del segundo piso. ¡De repente, Jesús se les apareció en el cuarto! A ellos les dio miedo. Pensaron que estaban viendo un fantasma. Pero Jesús quería que supieran que era Él realmente y que estaba vivo. Así que los dejó que lo tocaran. Y también les pidió que le dieran algo de comer. Cuando Él se comió el pedazo de pescado, ellos supieron que realmente estaba vivo.

¿Qué hizo Jesús para que sus ayudantes supieran que Él estaba vivo?

QUERIDO JESÚS, gracias por mostrar a tus ayudantes que tú realmente estabas vivo. Amén.

87

25 de marzo

Tomás cree

(Jesús le dijo a Tomás).
"Has creído en mí porque
me viste. ¡Benditos los
que sin verme han
creído!" JUAN 20:29

¿Has escuchado alguna vez noticias que son difíciles de creer? A lo mejor dijiste: "Si lo veo, lo creo." Eso fue exactamente lo que dijo Tomás, uno de los ayudantes de Jesús. Cuando sus amigos le dijeron que habían visto a Jesús, él no lo creyó. Una semana más tarde, Tomás vio y tocó a Jesús. Entonces creyó. Pero Jesús quiere que todos creamos que Él vive.

¿Puedes tú ver a Jesús? ¿Puedes creer que Él vive aun cuando no lo puedes ver?

QUERIDO DIOS, puedo oír las historias de la Biblia sobre tu Hijo, Jesús, pero no lo puedo ver. Gracias por ayudarme a saber que Él vive. Amén.

26 de marzo

La despedida

Comenzando en Jerusalén, en el mundo entero se proclamará que hay perdón de los pecados para los que se arrepienten y creen en mí. LUCAS 24:47

Muchas veces, cuando la gente se va, nos deja algo que hacer. Jesús sabía que pronto se iría a su casa con su Padre que está en los cielos. Por esa razón, Él dio a sus ayudantes un trabajo muy grande que hacer. Les dijo que enseñaran a la gente cómo amar y obedecer a Dios. Les dijo también que comenzaran en la ciudad donde estaban y que después fueran a otros lugares. Y les dijo que Dios siempre les iba ayudar.

¿Qué trabajo les dejó Jesús a sus ayudantes? ¿Puedes tú ser su ayudante también?

QUERIDO DIOS, sé siempre con todos aquellos que enseñan a otros acerca de ti. Amén.

27 de marzo

De camino a casa

*No mucho después ascendió
al cielo y desapareció envuelto
en una nube...* HECHOS 1:9

El trabajo de Jesús sobre esta tierra estaba hecho. Había llegado la hora de que Él regresara a su casa en el cielo. Jesús había vivido con su Padre desde el principio de todas las cosas. Jesús subió al cielo y desapareció. Él no se fue en un avión. Él se fue volando por sí mismo. Solamente el Hijo de Dios, Jesús, podía hacer eso. Dos ángeles dijeron a los ayudantes de Jesús que Él regresaría de la misma forma.

¿Dónde está tu hogar? ¿Dónde está el hogar de Jesús?

QUERIDO DIOS, gracias por dejar que tu Hijo, Jesús, viviera en esta tierra por un tiempo. Yo sé que vive contigo ahora, pero me alegra saber que Él regresará aquí algún día. Amén.

28 de marzo

Un lugar en el cielo

(Jesús dijo). No se preocupen ni sufran. Si confían en Dios, confíen también en mí. Allá donde vive mi Padre hay muchas moradas y voy a prepararlas para cuando vayan. JUAN 14:1-2

Antes de irse, Jesús, habló de su partida con sus ayudantes. Él les dijo lo grande y bonito que era su hogar en el cielo. Le dijo también que cuando se fuera, prepararía un lugar para ellos. Entonces regresaría para llevárselos a vivir con Él. Esa promesa es para todos aquellos que aman y obedecen a Jesús.

¿Qué es lo que está haciendo Jesús ahora?

QUERIDO JESÚS, gracias por querer que yo viva contigo. Gracias por preparar un lugar para todos los que confían en ti. Amén.

Gracias Jesús

Gracias por los cielos.

29 de marzo

El regreso

¡Miren! (Jesús) ¡Viene en las nubes, ante los ojos de la humanidad entera...! APOCALIPSIS 1:7

Cuando tú ves el cielo, ¿qué ves? ¿Ves aviones, pájaros o nubes? ¡Claro que los puedes ver! ¿Puedes ver gente allá arriba? ¡Por supuesto que no! La gente no puede volar porque no tienen alas. Pero Jesús es especial. Cuando Él se fue para el cielo, se fue volando hacia arriba. Cuando Él regrese, vendrá volando. ¡Toda la gente lo verá viniendo en las nubes!

¿Cómo va a regresar Jesús a la tierra?

QUERIDO DIOS, me alegro que tu Hijo, Jesús, va a regresar a la tierra algún día. ¡Tengo tantas ganas de verlo! Amén.

30 de marzo

Ya no habrá más lágrimas

Él les enjugará las lágrimas, y no habrá muerte ni llanto ni clamor ni dolor, porque éstos pertenecen al pasado. APOCALIPSIS 21:4

¿Te has sentido alguna vez con ganas de llorar? A lo mejor querías llorar porque alguien te trató mal? A lo mejor querías llorar porque te dolía el estómago o porque te sentías solo. Todos nos sentimos tristes en ocasiones. ¡Pero en el cielo no nos vamos a sentir así! ¡Todos van a ser felices en el cielo! Nadie tendrá dolor ni se sentirá triste. Se va a cantar mucho, pero no habrá llanto. ¡Dios va a secar todas nuestras lágrimas! Porque todos los que aman a su Hijo, Jesús, vivirán con Él para siempre.

¿Qué tendrá de especial vivir en el cielo?

QUERIDO DIOS, el cielo luce como un lugar muy especial. Ahí podré cantar y ser feliz para siempre. ¡Gracias! Amén.

93

31 de marzo

¡Nos veremos pronto!

El que ha dicho (Jesús) estas cosas declara: "Sí, vengo pronto. ¡Amén! ¡Ven, Señor Jesús!" APOCALIPSIS 22:20

Cuando un ser querido se va, nos sentimos muy tristes. Nosotros quisiéramos que esa persona regresara. ¡Al final de la Biblia, Jesús prometió que regresaría pronto! No sabemos cuándo. Puede ser hoy o mañana, un día cuando estés ya grande o cuando tengas hijos. Pero, no importa cuándo Jesús venga, ¡ese día tú puedes darle un abrazo muy fuerte!

¿Cuál fue la promesa especial que Jesús nos hizo?

QUERIDO DIOS, el día en que tu Hijo Jesús regrese, será un día muy especial. Yo quiero estar listo para vivir con Él en el cielo. Amén.

1 de abril

Un Padre perfecto

(Jesús) les respondió:
Oren más o menos así:
Padre nuestro que estás
en los cielos, santificado
sea tu nombre. LUCAS 11:2

Los padres por lo general
son muy buenos porque nos dejan
hablar con ellos cuando queremos.
Pero en muchas ocasiones, ellos están
ocupados o cansados. Pero Dios, nuestro Padre que está en el
cielo, nunca se cansa o está ocupado para escucharnos.
Antes de irse al cielo, los amigos de Jesús le pidieron que les
enseñaran a orar. Jesús les dijo que podían lla-
mar a Dios: "Padre." También les dijo que
oraran para que pensáramos siempre que el
nombre de Dios es santo y perfecto.
Nosotros debemos creer que Dios es
bueno. Él nunca hace nada malo.

¿Cómo le puedes decir a Dios cuando oras?

QUERIDO DIOS, que estás en
los cielos, tú eres un Padre
perfecto. Tú siempre me amas
y me ayudas a hacer lo bueno.
¡Gracias! En el nombre de
Jesús. Amén.

2 de abril

Orar por los alimentos

Danos hoy los alimentos
que necesitamos.
LUCAS 11:3

Es probable que cuando tienes hambre, tus padres te dan algo de comer, ¿verdad? Pero, entonces, ¿por qué necesitas orar a Dios por los alimentos. ¿Quién ayuda a tu familia para que gane el dinero para comprar comida? ¡Dios! Y ¿quién hace que las plantas crezcan? ¡Dios! (Tú sabes que mucha de la comida viene de las plantas). Dios te ama y quiere que tengas todo lo que necesitas. ¡Todo lo que tienes que hacer es pedirlo!

¿Cuáles son algunas de las cosas que tú necesitas cada día?
¿Quién quiere ayudarte a que tengas todas las cosas que
necesitas?

QUERIDO DIOS, por favor, dame suficiente comida todos los días. Gracias por darme todo lo que yo necesito. En el nombre de Jesús. Amén.

3 de abril

Lo siento

Y perdona nuestros pecados.
LUCAS 11:4

¿Alguna vez has hecho llorar a alguien? Hay veces que suceden accidentes. Suceden cosas malas sin que uno las quiera. Pero hay veces que hacemos cosas malas a propósito. Hasta hacemos cosas que Dios no quiere que hagamos. Esas cosas malas que nosotros hacemos a propósito se llaman "pecado".

Nuestros pecados hacen llorar a otras personas. ¡Pero nosotros podemos hacer algo para remediarlo! Podemos decir a Dios que lo sentimos y Él nos perdonará. Y Él también nos va a ayudar para que le digamos que lo sentimos a otras personas que hayamos hecho llorar.

¿Quién te puede perdonar por las cosas malas que hayas hecho?

QUERIDO DIOS, cuando haga cosas malas, recuérdame decirte que lo siento. Yo sé que Tú me perdonarás. Y también me vas a ayudar a ser bueno. En el nombre de Jesús. Amén.

4 de abril

Perdonar a los amigos

Perdona nuestros pecados, así como nosotros perdonamos a los que nos han hecho mal. LUCAS 11:4

¿Te han hecho llorar alguna vez? Hay veces que tus amigos hacen cosas malas —como a veces tú también las haces. Y te hacen enojar tanto que tú quieres hacerles algo malo.

Pero, ¿qué piensas que Dios quiere que hagas en situaciones así? ¡Lo que Dios quiere es que tú perdones a tu amiguito como Él te perdona a ti! Es mejor amar a tus amigos y abrazarlos, ¿no es cierto?

Si alguien te dice: "Lo siento", ¿qué es lo que debes hacer?

QUERIDO DIOS, yo quiero ser como Tú. Quiero perdonar a mis amigos como Tú me perdonas a mí. Amén.

5 de abril

¡No me des tentaciones!

*No nos dejes caer en
tentación.* LUCAS 11:4

¡**A**hí la tienes . . . enfrente de ti . . . la
caja con tus dulces favoritos!
Tu familia tiene una regla: "No se puede
comer dulce antes de cenar". Pero tú
estás solo, nadie te está viendo. Y tienes
la tentación de comerte uno.

Jesús dijo que nosotros debemos orar
para que no seamos tentados a hacer lo
malo. No es bueno desobedecer a tu
familia, ¿verdad?

Dios siempre está con nosotros, listo
para ayudarnos cuando estamos a punto
de hacer algo malo.

*¿Alguna vez te han tentado a
hacer algo malo? ¿Te sentiste
tentado a hacer algo malo porque
pensaste que estabas solo?*

QUERIDO DIOS, gracias por dejarme hablar
contigo cuando estoy a punto de hacer
algo malo. Yo quiero obedecerte y no
quiero dejarme vencer por la tentación
de hacer cosas malas. En el nombre de
Jesús. Amén.

6 de abril

Ora y canta alabanzas

¿Que alguien está afligido? Ore por su problema. ¿Que alguien está alegre? Cante alabanzas al Señor. SANTIAGO 5:13

Piensa en algún momento cuando estabas teniendo problemas. A lo mejor se te arruinó el juguete favorito. ¿Te pusiste a orar? Debiste hacerlo. ¡La Biblia dice que eso es lo mejor que se puede hacer!

Piensa en algún momento cuando estabas muy contento. A lo mejor fuiste a visitar a tus abuelitos, o te dieron de regalo un perrito, o te divertiste en una fiesta. ¿Se lo dijiste a Dios y le cantaste una canción de lo contento que estabas? Debiste hacerlo. ¡La Biblia dice que eso es lo que se puede hacer!

¿Cuándo es que debes hablar con Dios? ¿Cuándo es que debes cantar a Dios?

QUERIDO DIOS, me alegra saber que puedo hablar de todo contigo. Yo puedo hablarte cuando estoy triste. Y te puedo cantar cuando estoy contento. Te amo. Amén.

7 de abril

A cualquier hora y en cualquier lugar

Oren sin cesar. 1 TES. 5:17

Nosotros podemos hablar con Dios cuando el sol brilla. ¿Debemos parar cuando el sol se va? ¡Claro que no! No debemos de cesar de orar nunca. Nosotros podemos orar a Dios cuando llueve mucho y podemos ver el arco iris. ¿Debemos parar de orar cuando el arco iris desaparece? ¡Claro que no! Porque nosotros no debemos "_____." Nosotros podemos hablar con Dios al lado de un árbol o de un océano. ¿Debemos de parar de orar cuando entramos a casa? ¡Por supuesto que no! Porque nosotros no debemos "_____."

¿Hay alguna ocasión cuando nosotros debamos cesar de orar?

QUERIDO DIOS, gracias porque quieres que hable contigo todo el tiempo. Gracias porque siempre oyes mis oraciones. En el nombre de Jesús. Amén.

8 de abril

La mejor respuesta

Entonces cuando lo invoquen, el Señor responderá. ISAÍAS 58:9

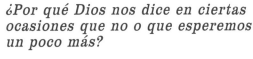

En cierta ocasión, un niño quería unas frutas que su mamá sabía que no eran buenas. Esas frutas lo podían enfermar del estómago. Por eso su mamá le dijo que no. Esa era la mejor respuesta. ¡Dios sabe mucho más que una mamá! Él sabe cómo contestar nuestras oraciones. Nosotros podemos orar a Dios y decirle: "Señor dame esto o aquello". Y Dios puede decir sí o no. Y también puede decirnos que esperemos.

¿Por qué Dios nos dice en ciertas ocasiones que no o que esperemos un poco más?

QUERIDO DIOS, gracias por ayudar a que mi familia sepa lo mejor para mí. Y gracias por saber la mejor forma de contestar mis oraciones. Amén.

9 de abril

Cómo vivir

La Biblia .... es útil para enseñarnos la verdad, hacernos comprender las faltas cometidas en la vida y ayudarnos a llevar una vida recta.
2 TIMOTEO 3:16

Si la lavadora de ropa de tu mamá no funciona, ella tiene que encontrar lo que se le rompió. Ella tiene un manual, ¿verdad? El manual es un libro escrito por la gente que hizo la lavadora.

Dios escribió un manual también. Se llama La Biblia. Las palabras de Dios en la Biblia le ayudan a la gente a saber cuándo están haciendo cosas malas. ¡Dios sabe qué decirnos porque Él fue quien nos hizo!

¿Cómo nos ayuda Dios a saber lo que es bueno y lo que es malo?

QUERIDO DIOS, gracias por hacerme a mí y por ayudarme a saber cómo debo vivir. Amén.

10 de abril

Poner atención

(El Señor) llamó: Samuel, Samuel... y Samuel respondió: Habla Señor, que tu siervo escucha. 1 SAMUEL 3:10

¿Alguna vez has tenido la experiencia de que alguien te habla y tú no lo oyes porque no estás poniendo atención?

Samuel oyó una voz. Él estaba poniendo atención, pero no sabía de quién era la voz. ¡Hasta que se dio cuenta que era la voz de Dios! Entonces le dijo a Dios que estaba poniendo atención.

Ahora ya casi no oímos la voz de Dios. Pero Él quiere que pongamos atención cuando alguien nos lee una historia bíblica. Así podremos aprender lo que Dios quiere que sepamos.

¿Cómo puedes tú aprender lo que Dios quiere que tú sepas?

QUERIDO DIOS, me encanta oír las historias de la Biblia. Ayúdame para que siempre ponga atención y pueda aprender todo lo relacionado contigo. En el nombre de Jesús. Amén.

11 de abril

¡Ayúdame a entender!

*Los apóstoles le preguntaron
(a Jesús) el significado de
aquella alegoría.* LUCAS 8:9

Si tu mamá leyó el manual para
reparar la lavadora y no lo
entendió, ¿qué va a hacer? Es
probable que ella llame al lugar
donde compró la lavadora para
preguntarles cómo leer las
instrucciones. Solamente así va a
poder arreglarla.

Hay veces que también necesitamos ayuda para entender las
instrucciones de Dios en la Biblia. Y podemos preguntar lo mismo
que los seguidores de Jesús preguntaron. Nosotros podemos
pedirle que nos ayude a entender el significado de las historias
bíblicas.

¿Quién te puede ayudar a entender las instrucciones de Dios?

QUERIDO JESÚS, yo quiero
entender todo lo que
está en la Biblia. Gracias
por ayudarme a
entender. Amén.

12 de abril

"Yo te enseñaré"

En el camino Jesús se topó con Mateo ... "Ven y sé mi discípulo", le dijo Jesús. MATEO 9:9

En el dibujo, la maestra le está enseñando a la niña cómo dibujar. En el otro dibujo, ella le está enseñando a un niño cómo armar un tren. Jesús le dijo a la gente que lo siguiera para enseñarles muchas cosas. Él les enseñó cómo ser buenos, cómo amarse unos a otros y cómo a amar a Dios, su Padre celestial. Él también nos puede enseñar a nosotros si escuchamos las historias de la Biblia y hablamos con Él.

¿Qué es lo que Jesús quiere mostrarnos?

QUERIDO JESÚS, tú me puedes enseñar muchas cosas. Yo estoy orando para que me enseñes cómo comportarme todos los días. Amén.

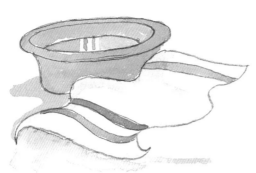

13 de abril

Un buen ejemplo

(Jesús dijo) Y si yo, el Señor y Maestro, les he lavado los pies, ustedes deben lavarse los pies unos a otros. Yo les he dado el ejemplo. JUAN 13:14-15

¿Te cansas de estar recogiendo tus juguetes? ¿Te pide tu mamá que hagas cosas que no quieres hacer? En el tiempo de la Biblia, la gente se ponía sandalias y caminaba en caminos polvorientos. Los pies se ponían sucios y calientes. A nadie le gustaba lavar los pies de otra gente. Pero Jesús lavó los pies de sus ayudantes. Lo hizo para darles un ejemplo que ellos debían seguir. Él quiere que la gente se ayude una a otra, aun cuando no sea divertido.

¿Cómo puedes tú seguir el ejemplo de Jesús?

QUERIDO DIOS, gracias por enviar a Jesús para que fuera un buen ejemplo. Ayúdame a ser como Él. Amén.

14 de abril

¡Dios es real!

El Dios viviente que hizo los cielos, la tierra, el mar y cuanto en ellos existe .... ¡las buenas cosechas, los alimentos y la alegría tan maravillosa que nos proporciona!
HECHOS 14:17

Uno no puede ver a Dios, ¿no es cierto? Pero, ¿significa eso que Él no es real? ¡Claro que no! Uno sabe que Dios es real por las cosas bellas que Él hace. Él nos envía la luz del sol, las nubes y la lluvia. Él hace que las cosechas crezcan en los campos para que nosotros tengamos qué comer. ¡Hasta nos da peces y gatitos para que sean nuestras mascotas!

¿Qué cosas te da Dios para que seas feliz?

QUERIDO DIOS, es cierto que no te puedo ver. Pero yo puedo ver lo que tú has hecho. Y puedo disfrutar todo lo que tú me das. ¡Gracias! Amén.

15 de abril

Las flores de Dios

Mira los lirios del campo .... y ni aun Salomón con toda su gloria se vistió jamás con tanta belleza.
MATEO 6:28-29

Jesús dijo en cierta ocasión que podemos aprender mucho de Dios mirando las flores que Él ha hecho. Las flores se ven tan bellas vestidas de todos colores. Salomón que era un rey muy rico no podía vestirse como las flores.
¡Y Dios quiere que lo dejes cuidar de ti como Él cuida de las flores!

¿Cuáles son las flores de Dios que más te gustan?

QUERIDO DIOS, gracias por cuidar de las flores, ¡y de mí! Amén.

16 de abril

Dios es bueno con todos

El (Dios) da la luz del sol a los malos y a los buenos y envía la lluvia al justo y al injusto. MATEO 5:45

Dios es nuestro Padre especial que está en los cielos. Él sabe que hay gente que hace lo bueno y gente que hace lo malo. Pero Dios los ama a todos. Él no esconde el sol de la gente mala, ni la lluvia de la gente buena.

¿Alguna vez alguien ha sido malo contigo? ¿Cómo tratarías a esa persona si quieres ser como Dios?

QUERIDO DIOS, es difícil amar a ciertas personas, pero tú las amas. Ayúdame a amarlas también. Amén.

110

17 de abril

Es de sabio obedecer

(Jesús dijo) El que presta atención a mis enseñanzas y las pone en práctica es tan sabio como el hombre que edificó su casa sobre una roca bien sólida. MATEO 7:24

¿Te gusta construir casitas con bloques de madera? ¿Has hecho casas sobre la arena? ¿Cuánto tiempo duran las casas que tú construyes? La casa donde tú vives va a durar mucho tiempo. Pero, ¿verdad que no duraría mucho si estuviera construida sobre la arena?

Jesús dijo que una persona sabia construye su casa sobre suelo firme y sobre una roca. Así no la puede derrumbar ni los vientos ni la lluvia. Y Jesús dijo que es sabio quien lo oye y lo obedece.

¿A quién tienes que obedecer si quieres ser sabio?

QUERIDO JESÚS, gracias por protegerme cuando soy suficientemente sabio para obedecerte. Amén.

111

18 de abril

Ama como Jesús

(Jesús dijo) Ámense con la misma intensidad con que yo los amo.
JUAN 13:34

Nosotros podemos decir que amamos a alguien, pero decirlo no es suficiente. ¡Necesitamos demostrarlo! Necesitamos mostrar nuestro amor a través de nuestro comportamiento y las cosas que hacemos. Eso fue lo que hizo Jesús. Él mostró su amor siendo bueno con la gente y ayudándoles en todo.

¿Cuáles son algunas de las cosas que tú harías por mostrar tu amor a aquellos que amas?

QUERIDO JESÚS, gracias por amarme. Gracias por mostrarme tu amor cuando oyes mis oraciones y me ayudas todos los días. Enséñame a ayudar a la gente que yo amo. Amén.

19 de abril

¡Hay que tirar la basura!

Digan la verdad siempre ... si nos mentimos nos estamos perjudicando a nosotros mismos. EFESIOS 4:25

Si tu amigo dice que tú lo golpeaste y tú no lo has hecho, ¿verdad que te sientes mal?

Si tú ensuciaste la alfombra y le dices a tu mamá que fue tu hermano, él va a tener problemas. Cuando tu mamá se dé cuenta que fuiste tú, ella se va a molestar.

Dios quiere que digamos la verdad. Así que si queremos obedecer a Dios, no debemos decirnos mentiras. Las mentiras son como la basura —hay que deshacernos de ellas.

¿Por qué es malo decir mentiras?

QUERIDO DIOS, perdón por las mentiras que haya dicho. Como yo quiero obedecerte, por favor, ayúdame a decir siempre la verdad. En el nombre de Jesús. Amén

20 de abril

Siendo buenos

Sean bondadosos entre ustedes. EFESIOS 4:32

Es fácil ser bueno con alguien que se siente bien y puede hacer cosas buenas por nosotros. Pero cuando alguien está enfermo y en cama, ¿debes ser bueno con esa persona también? ¡Claro que sí! Puedes, por ejemplo, prestarle tu osito de peluche.

Hay muchos de tus amiguitos que no pueden hacer todas las cosas que tú puedes hacer. Tú puedes ayudarles. Esa es una forma de expresar tu amor.

¿Qué es lo que puedes hacer para amar y ser bueno con alguien?

QUERIDO DIOS, quiero agradarte haciendo cosas buenas y amando a mi familia y mis amigos. Amén.

114

21 de abril

Dar con gusto

Dios ama al dador alegre.
2 CORINTIOS 9:7

Hubo en tiempos de la Biblia gente que tenía mucho dinero. Era gente que tenía más de lo que necesitaban. Pero también hubo gente que no tenía suficiente dinero para comprar ropa y comida. La gente que tenía más de lo que necesitaban compartían su dinero. Muchos de ellos daban con mucha alegría.

A Dios le agrada que nosotros demos lo que podamos. Si no tenemos dinero, podemos ofrecer nuestra ayuda a otros.

¿Cómo quiere Dios que nos sintamos cuando damos nuestro dinero y nuestra ayuda a otras personas?

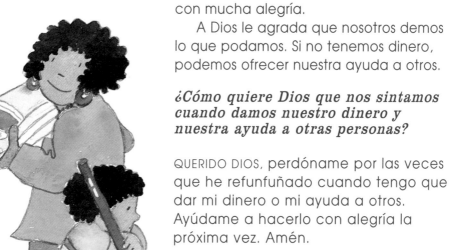

QUERIDO DIOS, perdóname por las veces que he refunfuñado cuando tengo que dar mi dinero o mi ayuda a otros. Ayúdame a hacerlo con alegría la próxima vez. Amén.

22 de abril

Una gran ayuda

La hermana del bebé lo estuvo vigilando desde lejos para ver lo que le ocurría.
ÉXODO 2:4

La mamá escondió al hermanito de Miriam entre la maleza del río. Ella lo quería salvar del rey malo. Y Miriam quería estar segura que a su hermanito no le pasara nada en el río. Y se quedó cuidándolo desde lejos hasta que la hija del rey lo encontró. La princesa le puso el nombre de Moisés al niño. Y le permitió a Miriam que le consiguiera a alguien que cuidara al niño. ¡Y Miriam le consiguió a su mamá! Miriam fue una gran ayuda.

¿Qué es lo que tú puedes hacer para ser una gran ayuda?

QUERIDO DIOS, yo quiero ser una gran ayuda para mi familia. Enséñame a ser una gran ayuda mañana. Amén.

23 de abril

Ayudar a los enfermos

Y su carne quedó tan sana como la de un niño. 2 REYES 5:14

El general Naamán era un hombre muy importante, pero tenía una enfermedad de la piel. Nada se la podía curar. Entonces una muchacha que servía a su esposa le habló del profeta Eliseo. Ella le dijo que Eliseo era un profeta que amaba a Dios y que podía curar a Naamán de sus llagas en la piel. Y Eliseo lo ayudó. Él le dijo al general que se lavara en el río siete veces. Y Naamán no solamente se curó de la piel, ¡también aprendió a amar a Dios!

¡En qué dos formas ayudó la muchacha a Naamán!

QUERIDO DIOS, enséñame a cómo ayudar que las personas enfermas se sientan mejor. Pero sobre todo, ¡enséñame a ayudarles para que también te amen! Amén.

24 de abril

Obedecer a los padres

Hijos, obedezcan siempre a sus padres, porque esto agrada al Señor. COLOSENSES 3:20

¿Sabías que Dios hizo planes para que tus padres te cuidaran y te amaran? Él quiere que tú muestres tu amor por ellos obedeciéndoles. ¡A Dios le gusta cuando tú los obedeces! Dios también hizo planes para que tú aprendieras muchas cosas de ellos. Ellos saben lo que mejor te conviene —como por ejemplo, cuando ya es hora de ir a dormir o cuando es seguro cruzar la calle.

¿Por qué deben los niños obedecer a sus padres?

QUERIDO SEÑOR, gracias por el amor de mi padre y de mi madre. Ayúdame a agradarte con mi obediencia para ellos. Amén.

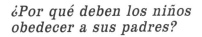

25 de abril

Siempre agradecidos

Den gracias en cualquier circunstancias. 1 TESALONICENSES 5:18

Cuando estás contento y divirtiéndote, ¿verdad que es fácil dar gracias a Dios? Pero, ¿cuando te lastimas o te sientes triste? ¿Y cuando hay días lluviosos y tú quieres ir a jugar afuera? Aun en esos días tú puedes encontrar algo por lo cual estar agradecido con Dios. Tú puedes estar agradecido de que Dios te ama y entiende cómo te sientes —porque Él realmente lo sabe.

¿Cuándo debes ser agradecido?

QUERIDO DIOS, gracias por los momentos felices. Y gracias por estar conmigo cuando estoy lastimado o triste. Amén.

26 de abril

Solamente un agradecido

Uno de los diez regresó ... Y se tiró a los pies de Jesús ... y le dio las gracias por lo que le había hecho. LUCAS 17:15-16

En cierta ocasión, Jesús sanó a diez hombres. Nueve de ellos se fueron muy de prisa. Solamente uno le dio las gracias. Hay veces que nosotros oramos: "Jesús, por favor, cúrame". O pedimos a Jesús que le quite a mamá el dolor de cabeza. O le pedimos que ayude a un amiguito. Pero cuando Jesús contesta nuestras oraciones, nosotros no damos las gracias.

Jesús se pone triste cuando nosotros nos olvidamos de Él.

¿Qué es lo que debes decir cuando Jesús hace algo por ti?

QUERIDO JESÚS, gracias por las muchas formas en que me ayudas todos los días. Amén.

27 de abril

Gracias por la comida

¡Fíjense! Les doy toda planta que se reproduce por semilla ... y todo árbol frutal para que les sirva de alimento.
GÉNESIS 1:29

La gente de la Biblia plantaban árboles y tenían jardines de hortalizas. Ellos horneaban panes con los granos que se daban en los campos. Por todo eso, ellos daban gracias a Dios.
¿Dónde consigues tu comida?
No importa dónde la consigues,
Dios es el que hizo las plantas y los árboles de donde viene mucha de tu comida. Él se pone muy contento cuando tú das gracias antes de comer.

¿Por qué comidas das más gracias a Dios?

QUERIDO DIOS, tú eres bueno y grande. ¡Gracias por mi comida! Amén.

28 de abril

Los ganadores

¡Gracias a Dios que nos da la victoria por medio de Jesucristo nuestro Señor!
1 CORINTIOS 15:57

El niño Jesús creció y le enseñó a la gente cómo vivir para Dios. Él murió, pero luego volvió a la vida. Ahora Él quiere ser nuestro Señor. Él quiere estar en control de nuestras vidas para que nosotros podamos ser ganadores.

Aun cuando nos sintamos rechazados como la niña del dibujo, nosotros podemos ser ganadores. Todo el que ama a Jesús va a vivir con Él en el cielo algún día. ¡Ese es un gran premio por el cual tenemos que dar gracias a Dios!

¿Cómo puede Jesús ayudarte a ser un ganador?

QUERIDO DIOS, gracias por tu Hijo Jesús. Yo quiero que Él sea mi Señor para que esté en control de mi vida. ¡Entonces voy a ser un ganador y voy a vivir en el cielo! Amén.

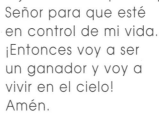

29 de abril

Canciones de agradecimiento

Entonemos nuestra alabanza al son del arpa. Resuenen las cornetas y trompetas. ¡Constituyan una jubilosa sinfonía ante el Señor, el Rey!
SALMO 98:5-6

La gente de la Biblia cantaba muchas canciones de agradecimiento para Dios. También tocaban muchos instrumentos, como el arpa y las trompetas.

Nosotros también podemos cantar a Dios. Podemos tocar el arpa, la guitarra y el piano. Podemos tocar la trompeta y los tambores. Nosotros podemos hacer todo eso para alabar a Dios por ser lo que Él es —un Dios tan grande que nos ama muchísimo.

¿Podrías cantar la oración de este día con la melodía de "Cristo me ama" o tocar el tambor mientras la dices?

QUERIDO DIOS, gracias, querido Dios gracias. Querido Dios gracias. Gracias, mi querido Dios por amarme tanto hoy. Amén.

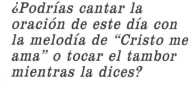

30 de abril

¡Gracias por Jesús!

Gracias a Dios por su Hijo, don maravilloso que no podemos describir con palabras. 2 CORINTIOS 9:15

¿Alguna vez has recibido un regalo tan especial que no supiste qué decir? Estabas tan emocionado que lo único que hiciste fue saltar de alegría y darle un abrazo a la persona que te dio el regalo, ¿no es cierto?

Así debemos sentirnos cuando pensemos cómo Dios nos envió a su Hijo, Jesús. Podemos mostrar nuestro agradecimiento con un grito de júbilo o una oración en silencio —que es como un abrazo para Dios.

¿Quién envió a Jesús al mundo como un regalo para cada uno de nosotros?

QUERIDO DIOS, gracias por permitir que tu Hijo viniera a estar con nosotros por un tiempo. Lo amo muchísimo. Amén.

1 de mayo

El huerto del Edén

Dios plantó un huerto en Edén ... y puso en él al hombre que había creado. GÉNESIS 2:8

En el principio —mucho antes que Jesús viniera a esta tierra— Dios hizo un huerto. Era un lugar muy bonito, con grama, árboles y flores. ¡Habían animales por todos lados! Dios hizo el huerto del Edén para que ahí vivieran Adán y Eva, las primeras personas. Él quería que ese fuera su hogar. Hasta dejó que Adán le pusiera nombre a todos los animales.

¿Por qué hizo Dios un huerto?

QUERIDO DIOS, gracias por la grama verde, las bellas flores y los árboles grandes. ¡Gracias también por todos los animales! Amén.

2 de mayo

Lo que Dios dijo

Puedes comer de cualquier fruto del huerto, salvo del fruto del Árbol de la Conciencia ... del bien y del mal... GÉNESIS 2:17

Dios le dijo a Adán que podía comer de todas las frutas de los árboles del huerto. Pero había uno en el centro del que nadie debía comer. La fruta de ese árbol podía enseñar a la gente sobre cosas malas. Si no se comían la fruta, la gente no iba a tener necesidad de saber cosas malas. Dios le dio a escoger a Adán y Eva. Ellos podía obedecer o desobedecer a Dios. Nosotros también Tenemos que hacer la misma decisión.

¿Qué fue lo que Dios dijo a Adán que no hiciera?

QUERIDO DIOS, ayúdame a escoger que te obedezca. En el nombre de Jesús. Amén.

3 de mayo

Satanás habla con Eva

(La serpiente le dijo a la mujer) Dios sabe muy bien que en el momento que lo coman se les abrirán los ojos para distinguir entre el bien y el mal. GÉNESIS 3:4-5

Una serpiente habló con Eva en el jardín. La serpiente le hizo pensar que hacer lo malo estaría bien, de todos modos. Eva entonces comenzó a pensar que desobedecer a Dios hasta sería divertido. Ella no sabía que la serpiente era realmente Satanás. Satanás es el otro nombre que se le da al mal. Y Satanás odia a Dios. Lo que él estaba tratando era de que Eva hiciera algo malo.

¿Qué fue lo que Satanás quería que Eva hiciera?

QUERIDO DIOS, ayúdame a no escuchar cuando alguien trata de que yo haga algo malo.
En el nombre de Jesús. Amén.

4 de mayo

La decisión equivocada

La mujer se convenció. ¡Qué hermoso era! ¡Qué agradable debía ser comerlo! ... así que ella comió y le dio a su marido, quien también comió. GÉNESIS 3:6

Eva creyó lo que Satanás le dijo. Ella se comió la fruta y también le dio a Adán. Satanás se salió con la suya. Lo que Satanás quería era que la gente hiciera lo malo y que se metieran en problemas. Esto puso triste a Dios. Él había pedido a Adán y Eva que le obedecieran. Pero ellos no lo escucharon.

**¿A quién oyeron Adán y Eva?
¿A Dios o a Satanás?**

QUERIDO DIOS, yo sé que Tú me amas y quieres lo mejor para mí. Ayúdame para que escuche lo que tú dices en la Biblia. En el nombre de Jesús. Amén.

128

5 de mayo

Esconderse de Dios

Aquella tarde (el hombre y la mujer) oyeron que Dios estaba en el huerto, y se escondieron entre los árboles.
GÉNESIS 3:8

Cuando Dios hizo a Adán y a Eva, ellos sabían solamente cosas buenas. Pero entonces ellos se comieron la fruta que Dios les dijo que no se comieran. Y sucedió exactamente lo que Dios había dicho. Ahora ellos sabían sobre cosas malas. Y cuando oyeron a Dios caminando en el huerto, se escondieron entre los árboles.

¿Se pusieron contentos Adán y Eva cuando vieron a Dios después que habían desobedecido?

QUERIDO DIOS, cuando haga cosas malas, ayúdame a no esconderme de ti. Ayúdame a hablar contigo y decirte que lo siento. Amén.

6 de mayo

"¡No me eches la culpa!"

"Sí" confesó Adán. "Pero fue la mujer que me diste la que me lo dio, y yo comí." Entonces Dios le preguntó a la mujer: ¿Qué es lo que has hecho? "La serpiente me engañó" respondió ella. GÉNESIS 3:12-13

Alguna vez te han sorprendido haciendo algo que no debías? ¿Dijiste que tu hermanita o tu hermanito tenía la culpa de que lo hicieras? ¿O dijiste que tus amiguitos con quienes estabas jugando fueron los que comenzaron? ¿Verdad que esto suena como lo que Adán dijo a Dios?

La próxima vez que hagas algo malo, ¡No le eches la culpa a otros!

¿A quién le echó la culpa Adán por lo malo que había hecho? ¿A quién le echó la culpa Eva?

QUERIDO DIOS, cuando haga algo malo, ayúdame a no echar la culpa a otros. Amén.

130

7 de mayo

Ahora vienen los problemas

Luego Dios le dijo a la mujer: ...darás a luz con grandes dolores y sufrimientos... A Adán Dios le dijo: ...Toda tu vida tendrás que luchar para obtener de ella (la tierra) tu sustento. Te producirá espinas y cardos... Con el sudor de tu rostro la cultivarás hasta el día de tu muerte.
GÉNESIS 3:16-18

Dios quería que Adán y Eva obedecieran y fueran felices. Él quería que ellos vivieran para siempre en el huerto sin ningún problema. Pero ellos no obedecieron. Por eso Dios mandó problemas al mundo. Pero también hizo planes para enviar a su Hijo Jesús al mundo. Jesús iba a ayudar a la gente para que obedecieran a Dios.

¿Por qué mandó Dios problemas al mundo?

QUERIDO DIOS, gracias por tu Hijo Jesús, que me ayuda a obedecerte. Amén.

8 de mayo

Todos son pecadores, pero...

Adán hizo que nos volviéramos pecadores, pero Cristo, que obedeció, nos hizo aceptables ante Dios.
ROMANOS 5:19

Adán, el primer hombre no obedeció a Dios. Como pecó, fue llamado pecador. Y por lo que él hizo, todos somos pecadores. ¡Pero qué diferente es Cristo en comparación a Adán! Jesús nunca pecó. Porque obedeció a su Padre que está en el cielo y murió en la cruz por nosotros, todos somos recibidos en la familia de Dios. Si confiamos en Jesús, Dios no se fija en que nosotros éramos pecadores.

¿Por qué debemos confiar en Jesús?

QUERIDO DIOS, gracias por Jesús, porque Él nunca pecó. Gracias porque puedo confiar en Él y llegar a ser parte de tu familia. En el nombre de Jesús. Amén.

9 de mayo

Ropa para Adán y Eva

Y Dios vistió a Adán y a su mujer con túnicas hechas con pieles de animales.
GÉNESIS 3:21

Pasó mucho tiempo antes de que Dios enviara a su Hijo Jesús al mundo. En aquel tiempo Dios tenía que cuidar de Adán y Eva. Todavía ellos eran las únicas personas, y ellos habían pecado. ¿Quería eso decir que ya Dios no los amaba? No. Dios los amaba mucho. Porque los amaba, Él quería que tuvieran las cosas que ellos necesitaban. Así que él hizo ropas para ellos.

¿Qué cosas buenas Dios hizo para Adán y Eva?

QUERIDO DIOS, gracias por amarme y hacer cosas buenas para mí aun cuando yo hago cosas que están mal. Amén.

10 de mayo

Tiempo para salir

Entonces el Señor dijo: "Ahora que el hombre es como uno de nosotros, con conocimiento del bien y del mal, no conviene que tome del fruto del Árbol de la Vida y viva para siempre". GÉNESIS 3:22

Habían dos árboles en el centro del huerto. Dios le había dicho a Adán y a Eva que no comieran del fruto de uno de ellos. Pero ellos lo hicieron de todas maneras, así que ellos aprendieron acerca del bien y el mal. El otro árbol se llamaba el "Árbol de la Vida". Ahora Dios no dejaba a Adán y a Eva comer de este árbol tampoco. Porque ellos no habían obedecido, ellos no podían quedarse a vivir allí para siempre.

¿Por qué Adán y Eva no podían comer del fruto del árbol de la vida?

QUERIDO DIOS, Adán y Eva te hicieron sentir muy triste. Ayúdame a no hacerte sentir triste. Amén.

11 de mayo

Comienza el trabajo fuerte

Entonces el Señor lo expulsó del huerto de Edén para que labrase la tierra de donde había sido tomado.
GÉNESIS 3:23

Ellos no tenían que trabajar, y allí había suficiente para comer. Los animales los alegraban, y las flores eran bellas. Pero ahora ya no podían vivir allí. Tenían que trabajar fuerte y cosechar su propio alimento. Ellos se cansaron mucho después de trabajar todo el día.

¿Cómo era la vida diferente fuera del Huerto?

QUERIDO DIOS, enséñame cómo ayudar a mamá y a papá con el trabajo fuerte que ellos tienen que hacer. Amén.

12 de mayo

Ángeles guardianes del Huerto

Dios ... puso ángeles al oriente del huerto de Edén, y una espada encendida, que impedían acercarse al Árbol de la Vida.
GÉNESIS 3:24

Adán y Eva nunca pudieron regresar al Huerto. Era un lugar perfecto, y la gente ya no eran perfectos. Ellos habían pecado. Muchos años más tarde, Jesús vino para acabar con el pecado. La gente aún no podía vivir para siempre en el Huerto. ¡Pero ahora podemos ir al cielo y vivir allí para siempre!

¿Dónde podemos vivir para siempre?

QUERIDO DIOS, gracias que yo puedo vivir para siempre en el cielo, todo por tu Hijo Jesús. Amén.

13 de mayo

Los primeros niños

(Eva) dio a luz un hijo, Caín ... Tuvo después otro hijo que fue llamado Abel. GÉNESIS 4:1-2

Adán y Eva eran las únicas personas en el mundo. Pero Dios quería que su mundo se llenara de gente. Así que Dios ayudó a la gente a tener bebés. El primer niño que nació fue un bebé llamado Caín. Entonces nació Abel. Dar a luz bebés era duro para Eva, ¡pero valió la pena! Ella y Adán amaban a sus bebés. Dios los amaba también.

¿Cuáles fueron los nombres de los primeros dos bebés?

QUERIDO DIOS, ¡gracias por los bebés! Gracias por amarme cuando yo era bebé y todavía me amas. Yo te amo también. Amén.

14 de mayo

Creciendo y aprendiendo

*Aprendan a
hacer el bien...*
ISAÍAS 1:16-17

Los bebés no saben que hay diferencia entre lo bueno y lo malo. Cuando tú eras un bebé, sólo pensaban en ti. Si alguien venía en tu camino, tú pateabas y gritabas. Eso es lo que todos los bebés hacen. Pero entonces tú comenzaste a crecer y aprender. Te diste cuenta que cuando hacías cosas malas, te sentías triste, y así pasaba con todos los demás. Pero cuando hacías cosas buenas, te sentías contento. Los otros también. Ahora tú piensas en tus amigos. Tú quieres hacer cosas buenas que los hagan sentir contentos.

¿Qué cosas buenas puedes hacer para hacer felices a tus amigos?

QUERIDO DIOS, gracias por ayudarme a crecer y hacer cosas buenas. Amén.

15 de mayo

¡Tengo suficiente, gracias!

Conténtese con lo que tengan, pues el Señor dijo: "No te desamparé ni te dejaré". HEBREOS 13:5

A veces queremos más y más cosas. Puede que tengamos un gatito, pero un amigo tiene un perrito. Así que decimos: "Yo quiero uno de esos, también". Puede que tengamos un sandwich de mantequilla de maní, pero alguien tiene otra clase. Así que decimos: "Yo quiero uno de esos también". Dios quiere que estemos satisfechos con saber que Él está siempre con nosotros. Él nos da lo que necesitamos, así que podemos decir: "¡Tengo suficiente, gracias!"

Menciona varias cosas que tú tienes que Dios desea que estés contento con ellas.

QUERIDO DIOS, gracias por las cosas buenas que me das. Gracias, más que nada por siempre estar conmigo. Amén.

16 de mayo

Pidiendo por cosas buenas

...tu Padre que está en los cielos dará aun mejores cosas a los que se las pidan. MATEO 7:11

Si tú le pides a Dios una motocicleta, probablemente él dirá no. Él no quiere que tengas un accidente. Pero si le dices a Dios que quisieras un abrazo de la anciana de al lado de tu casa, Él puede decir sí.

No podemos saber por seguro cómo Dios contestará nuestras oraciones. Pero sí sabemos que Él quiere darnos cosas buenas. Así que esas son las cosas que Él quiere que pidamos.

¿Por qué Dios no te da todas las cosas que tú le pides?

QUERIDO DIOS, me alegro que te puedo pedir cosas. Trataré de sólo pedirte las cosas buenas. En el nombre de Jesús.
Amén.

17 de mayo

Hacer el bien y ser feliz

Porque a la persona que le agrada, Él le ha dado sabiduría, conocimiento y gozo. ECLESIASTÉS 2:26 (B.d.I.A.)

Dios se complace cuando nosotros aprendemos acerca de Él. A las personas mayores que aman a Dios les gusta ayudarnos a hacer eso. Ellos nos pueden ayudar a entender la Palabra de Dios, la Biblia. Conocer lo que Dios nos dice en la Biblia nos hace sabios. Y cuando hacemos las cosas buenas que Dios nos dice que hagamos, nos sentimos felices. Nos llenamos de gozo.

¿Qué puedes hacer para hacerte sabio?

QUERIDO DIOS, gracias por los maestros de la escuela dominical. Yo me alegro porque mi maestra me ayuda a aprender lo que dice la Biblia sobre cómo agradarte. Amén.

18 de mayo

No te creas importante

Los orgullosos paran en el oprobio. PROVERBIOS 11:2

Algunas personas piensan que son mejores que los otros. Una persona puede pensar que nadie puede subir a un árbol como él lo puede hacer. Otra persona puede pensar que es la persona más sabia en el mundo. Una mujer puede pensar que ella es la persona más bonita del mundo. Alguna otra puede pensar que es la persona más bonita de su clase. Las personas así son orgullosas. Ellas actúan como si fueran más importantes que los demás. Pero Dios dice que no lo son. Dios dice: "Es sabio no ser orgulloso".

¿Cómo actúa una persona orgullosa?

QUERIDO DIOS, ayúdame a no ser orgulloso. Amén.

19 de mayo

¡Examina lo que comes!

No es bueno comer mucha miel. PROVERBIOS 25:27 (B.d.I.A.)

Las fiestas pueden ser alegres. Hay globos, juegos y niños. Y hay mucha comida —dulces, bizcocho, galletas dulce y limonada. Es fácil comer demasiado dulce en una fiesta.

Pero la Biblia dice que no es bueno comer tantas cosas dulces. Aun si tus amigos están comiendo demasiado, tú puedes ser sabio. No debes llenarte demasiado pues te puedes enfermar.

¿Por qué no debes comer demasiadas cosas dulces?

QUERIDO DIOS, gracias por las galletas dulces los bizcochos y el dulce. Ayúdame a gozar de todos esos dulces sin comer demasiado. Amén.

20 de mayo

Reglas buenas

Obedece todos los mandamientos que yo te doy. DEUTERONOMIO 12:32

Los adultos han aprendido reglas para manejar. ¡Ellos necesitan saber cuándo parar y cuándo seguir para que sus autos no choquen unos con otros!

Dios nos ha dado reglas a nosotros también. Sus reglas dicen que lo adoremos y que nos amemos unos a otros. No podemos robar o mentir o herir a nadie. Dios nos ama tanto que Él nos manda a obedecer sus reglas. Eso quiere decir que tenemos que hacer lo que Él dice. Entonces estaremos salvos y tranquilos.

¿Por qué es bueno hacer lo que Dios dice?

QUERIDO DIOS, ayúdame a obedecer tus reglas para que yo esté salvo y feliz. Amén.

IZQUIERDA

DERECHA

Adelante

PARE

DESPACIO

21 de mayo

¡Saca las langostas grandes!

*¡Yo derramaré mi Espíritu sobre todos ustedes!...
Todo aquel que invoque el nombre del Señor será salvo.*
JOEL 2:28, 32

Mucho tiempo antes de Jesús nacer, algo terrible le pasó al pueblo de Dios. Grandes insectos llamados langostas se comieron sus árboles, sus arbustos, y las siembras. Pero Dios prometió que algún día terminarían sus problemas. Él iba a enviar Su Espíritu. Entonces toda la gente podía pedir la ayuda del Señor. ¡Y Él los salvaría de problemas mayores!

Ahora la promesa del Señor se había cumplido. Él ha enviado su Espíritu. ¿Así que quién puede pedir la ayuda de Dios?

QUERIDO DIOS, gracias por prometer enviar tu Espíritu y por guardar tu promesa. Amén.

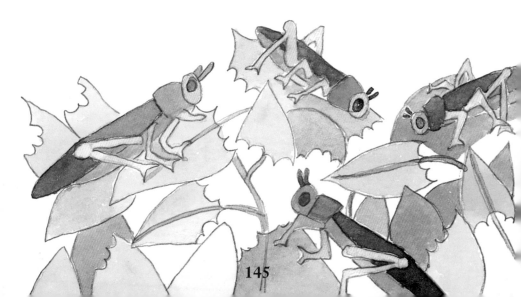

22 de mayo

Como el viento

*(Jesús dijo,) Esto es como el viento, que
uno no sabe de dónde viene ni a dónde va;
uno tampoco sabe de qué forma actúa el
Espíritu sobre las personas a quienes otorga la
vida celestial.* JUAN 3:8

Tú no puedes ver el viento. Pero puedes sentirlo soplando
en tu rostro. Y puedes ver lo que el viento hace. Jesús dijo
que así es con el Espíritu Santo. No puedes verlo, pero puedes
sentir su amor. Y puedes ver lo que Él hace cuando le dejas
ayudarte a hacer lo bueno.

¿Cómo el Espíritu Santo es como el viento?

QUERIDO DIOS, yo sé que tú eres Dios el Padre y que Jesús es
Dios el Hijo. Ahora, yo me alegro de aprender acerca de Dios
el Espíritu Santo. Amén.

23 de mayo

Jesús hizo buenas cosas

Ustedes saben que Dios ungió con el Espíritu Santo y con poder a Jesús de Nazaret; y que Él anduvo haciendo el bien... HECHOS 10:38

Cuando Jesús vivió aquí en la tierra, Él hizo muchas cosas buenas. Él ayudó a los enfermos a sanarse. Él enseñó a la gente acerca de Dios, su Padre en el cielo. Y Él mostró su amor a todos —niñitos, niños como ustedes, y adultos como tu mamá y tu papá. El Espíritu Santo ayudó a Jesús a hacer estas cosas buenas. Ahora Dios desea dar su Espíritu Santo a todos nosotros.

¿Qué hizo Jesús ayudado por el Espíritu Santo?

QUERIDO DIOS, gracias por las cosas buenas que Jesús hizo cuando vivió en la tierra. Gracias por el Espíritu Santo, que nos puede ayudar a hacer cosas buenas también. En el nombre de Jesús. Amén.

24 de mayo

Nuestro ayudante especial

(Jesús dijo,) Mas la realidad es que es mucho mejor para ustedes que me vaya, porque si no, el Consolador no vendría. JUAN 16:7

Otro nombre para el Espíritu Santo es "Ayudante". Cuando Jesús vivió en la tierra, Él era una persona como tú y como yo. Él podía estar en un lugar, tal como tú y yo. Así que Jesús dijo que era mejor para Él volver al cielo y enviar el Espíritu Santo. ¡Y eso fue lo que hizo! Ahora todo aquel que ama a Dios puede tener la ayuda del Espíritu Santo al mismo tiempo.

Los amigos de Jesús no querían que Él se fuera. ¿Puedes nombrar el Ayudante que Jesús prometió enviar en su lugar?

QUERIDO DIOS, yo amo a tu Hijo Jesús. Y me alegro que Él mandó el Espíritu Santo para ser mi Ayudante especial. Amén.

25 de mayo

¿Qué es la verdad?

Cuando venga el Espíritu Santo, que es la Verdad, Él los guiará a toda la verdad. JUAN 16:13

Jesús le dijo a sus amigos todo acerca del Espíritu Santo. Él dijo que este Espíritu especial de Dios sabe lo que es la verdad y puede ayudar a la gente a entender la verdad.

Hay muchos libros para leer. Algunos son para diversión —ustedes saben que las historias no son verdaderas. Pero la Biblia está llena de historias verdaderas. Tú puedes pedirle al Espíritu Santo que te ayude a entender lo que Dios quiere que tú aprendas de cada historia.

Si tú quieres saber la verdad, ¿quién tiene la respuesta?

QUERIDO DIOS, a veces me pregunto qué es la verdad y qué no es la verdad. Yo me alegro que el Espíritu Santo me puede ayudar a entenderlo. Amén.

26 de mayo

Esperando...

(Jesús) En uno de aquellos encuentros les pidió que no salieran de Jerusalén hasta que, tal como ya les había dicho, el Espíritu Santo descendiera sobre ellos. HECHOS 1:4

Esperar puede ser difícil, ¿no es cierto? Es especialmente difícil esperar por algo que verdaderamente deseas, como una visita de un amigo. Tú esperas y esperas para que tu amigo venga para poder jugar. Tu amigo se suponía que viniera después de almuerzo. Bueno, tú almorzaste, pero tu amigo no ha venido todavía. Tu mamá te dice que tengas paciencia y permanezcas en casa —tu amigo vendrá pronto.

Así fue cuando los amigos de Jesús esperaron por el Espíritu Santo. Jesús les dijo que se quedaran en la ciudad de Jerusalén y esperaran. Así ellos lo hicieron.

¿Por qué Jesús quería que sus amigos se quedaran en Jerusalén?

QUERIDO DIOS, enséñame a ser paciente cuando necesito esperar. Ayúdame a esperar pacientemente por ti para contestar mi oración. En el nombre de Jesús. Amén.

27 de mayo

¡No más espera!

...escucharon de pronto en el cielo un estruendo semejante al de un vendaval, que hacía retumbar la casa en que estaban congregados. HECHOS 2:2

Por diez días los amigos de Jesús estaban esperando por el Espíritu Santo. Ellos estaban en una habitación sentados y callados en la mañana del domingo. ¡De repente, ya no había silencio! Sonaba como si el viento estaba soplando fuerte. El ruido era tan alto que se oyó en toda la casa. Así fue cuando vino el Espíritu Santo.

¿Quiénes estaban esperando por el Espíritu Santo?

QUERIDO DIOS, me alegro que la Biblia habla de este tiempo emocionante cuando el Espíritu Santo vino a los amigos de Jesús. Amén.

28 de mayo

El Espíritu Santo está aquí

Acto seguido aparecieron llamas o lengüetas de fuego que se les fueron posando en la cabeza. Entonces cada uno de los presentes quedó lleno del Espíritu Santo. HECHOS 2:3-4

Cuando el Espíritu Santo vino a los amigos de Jesús, todos pudieron ver una llama de fuego sobre cada uno de ellos. Esa era una señal especial de Dios. La gente podían ver el fuego afuera. Pero lo que realmente quería decir era que el Espíritu Santo había venido a vivir en los amigos de Jesús.

¿Por qué estaban las llamas de fuego sobre los amigos de Jesús?

QUERIDO DIOS, gracias por mostrarle a todos que el Espíritu Santo realmente vino. Amén.

29 de mayo

Todos pueden entender

¿Cómo es que cada uno de nosotros les oímos hablar en nuestra lengua en la que hemos nacido?... les oímos hablar en nuestros idiomas de las maravillas de Dios. HECHOS 2:8,11 (B.d.l.A.)

Mucha gente vinieron a Jerusalén para adorar a Dios. Eran de diferentes países y hablaban diferentes idiomas. Así que no podían entender las palabras de unos y los otros.
Pero cuando el Espíritu Santo vino a los amigos de Jesús, ¡Él les ayudó a cada uno a hablar de manera que todos podían entender! Entonces los amigos de Jesús podían hablarle a cada uno de Jesús.

¿Qué le ayudó el Espíritu Santo a los amigos de Jesús a hacer?

QUERIDO DIOS, gracias por desear que cada uno entendiera las palabras que la gente dice acerca de ti y de tu Hijo Jesús. Amén.

30 de mayo

¿Qué debemos hacer?

"Cada uno de ustedes, arrepentido, tiene que darle la espalda al pecado", les respondió Pedro, regresar a Dios y bautizarse en el nombre de Jesucristo ... Entonces recibirán también el don del Espíritu Santo. HECHOS 2:38

Pedro le dijo a la gente en Jerusalén que Jesús murió y volvió a vivir. Él dijo que Dios el Padre le dio el Espíritu Santo a Jesús el Hijo. Y ahora Jesús estaba dando el Espíritu a todo el que quería vivir para Él. Pedro le dijo a la gente que dejaran de hacer cosas malas y se bautizaran, pidiéndole a Jesús que perdonara sus pecados. Entonces ellos recibirían el regalo del Espíritu Santo.

¿Qué tenemos que hacer para recibir el Espíritu Santo?

QUERIDO DIOS, gracias por tu regalo especial del Espíritu Santo. Amén.

31 de mayo

Poder para ti y para mí

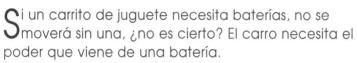

(Jesús dijo,) Cuando el Espíritu Santo descienda sobre ustedes, recibirán poder para proclamar con efectividad mi muerte y resurrección... HECHOS 1:8

Si un carrito de juguete necesita baterías, no se moverá sin una, ¿no es cierto? El carro necesita el poder que viene de una batería.

La gente que ama a Jesús necesita poder también. ¡Necesitamos el Espíritu Santo para que nos mueva! Él nos da el poder para obedecer y ser testigos. Decir lo que saben es lo que los testigos hacen. Nosotros sabemos mucho acerca de Jesús, así que el Espíritu Santo nos puede dar poder para ser testigos de Jesús.

¿Qué clase de poder nos da el Espíritu Santo?

QUERIDO DIOS, por favor, dame poder del Espíritu Santo para obedecerte a ti y para decir a otros acerca de Jesús. Amén.

1 de junio

Un Pastor amante

(Jesús dijo) "No teman, rebaño pequeño."
LUCAS 12:32

¿Sabías tú que un grupo de ovejas se llama un "rebaño"? Un rebaño de ovejas sigue al pastor, y él se asegura que sus ovejas estén seguras. Él ama su rebaño, especialmente las pequeñas ovejitas.

Jesús nos llama su rebaño pequeño. Él quiere que sepamos que no necesitamos tener miedo. Él nos cuida y nos mantiene seguros.

Jesús es como un pastor, y tú eres una de sus ovejitas. Él te ama mucho.

¿Cómo es Jesús como un pastor?

QUERIDO JESÚS, tú eres mi pastor, y yo soy una de tus ovejitas. Así que no tengo que tener miedo. Gracias por amarme y por guardarme seguro. Amén.

AMANDO Y PERDONANDO

2 de junio

Ningún tiempo en la cárcel

La prueba acusatoria...la lista de mandamientos que no habían obedecido, quedó anulada, clavada en la cruz de Cristo. COLOSENSES 2:14

Si la gente no puede pagar el dinero que deben a alguien, ese dinero se llama una "deuda". En el tiempo bíblico a la gente la ponían en la cárcel cuando debían dinero. La Biblia dice que nosotros teníamos una deuda con Dios, pero no era de dinero, sino las cosas malas que hicimos, rompimos las leyes de Dios. Pero Dios envió a Jesús para pagar nuestra deuda. Él murió en la cruz y volvió a vivir. Ahora Dios nos perdona, ¡nuestra deuda está pagada!

¿Cómo pagó Jesús por las cosas malas que nosotros hemos hecho?

QUERIDO JESÚS, gracias por amarme tanto que pagaste la deuda que yo debía a Dios. Amén.

3 de junio

Se fueron para siempre

Hollarás nuestros pecados bajo tus pies; los arrojarás en lo profundo del océano. MIQUEAS 7:19

¿Has tratado tú alguna vez de mirar al fondo del océano? Un océano, también llamado "mar", es mucho más hondo que cualquier piscina, charco, o lago. La parte más profunda del mar es tan profunda que cualquier cosa que eches allá se perderá para siempre. La Biblia dice que cuando Dios perdona nuestros pecados, es como si Él los echara al mar más hondo. ¡Se fueron para siempre!

Cuando Dios perdona nuestros pecados, ¿qué pasa con ellos?

QUERIDO DIOS, yo me gozo porque tú perdonas mis pecados. Me arrepiento por cada uno de ellos. En el nombre de Jesús. Amén.

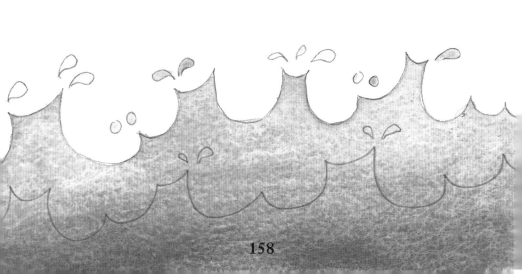

158

4 de junio

Borrados

(Dios dijo,) "Yo, sí, sólo yo soy quien borra tus pecados por amor a mí mismo y nunca más los recordaré".
ISAÍAS 43:25

Cuando tú borras una pizarra, las palabras y figuras se van, ¿no es cierto? A veces hacemos cosas malas, como enojarnos y golpear algo. Entonces lo sentimos. Desearíamos poder borrar lo malo para que fuera como si nunca lo hubiéramos hecho. Bueno, ¡eso es lo que Dios hace! Él perdona nuestros pecados y luego se olvida de ellos.

Cuando Dios nos perdona, ¿Recuerda Él nuestros pecados?

QUERIDO DIOS, por favor, perdóname por las cosas malas que he hecho y olvídate que las hice. Ayúdame a mí para olvidarme también. En el nombre de Jesús. Amén.

5 de junio

Todo el mundo necesita a Jesús

Cualquiera que crea en Él, (Jesús) alcanzará el perdón de los pecados en virtud de su nombre. HECHOS 10:43

Algunas personas son tan buenos. Tal parece que nunca hacen nada malo. Tal vez tú tienes un amigo así. Tal vez tu abuela o tu maestro de escuela dominical o tu mamá o tu papá son así de buenos. Pero la Biblia dice que aun las personas buenas necesitan ser perdonadas. Todos hemos hecho cosas malas. Los adultos lo han hecho, y los niños también. Así que todos necesitamos a Jesús. Dios perdonará a todo el que cree que Jesús es el Hijo de Dios.

¿Quién necesita ser perdonado?

QUERIDO DIOS, gracias por tu promesa de perdonar a todo el que cree en Jesús. Amén.

160

6 de junio

Dios lo dijo primero

Si amamos a Dios es porque Él nos amó. 1 JUAN 4:19

¿Te amaba tu familia cuando eras un bebé? ¡Por supuesto que sí! Puede que tu mamá te haya dicho: "¡Yo te amé aun antes de tú nacer!" Eso es lo que Dios dice también. Él te ha amado, y él continuará amándote hasta que crezcas. Porque Dios te ama, tú también quieres amarlo a Él, ¿no es así? ¡Su amor por ti ayuda a que tú ames a otras personas, también!

¿Qué te ayuda a hacer el amor de Dios por ti mismo?

QUERIDO DIOS, gracias por tu amor. ¡Yo te amo también! Y yo amo a mi familia y a mis amigos. Amén.

161

7 de junio

Yo te perdono

Perdonándose las faltas que unos contra otros puedan cometer, de la misma manera que Dios nos perdonó en Cristo.
EFESIOS 4:32

Cuando tú le dices a Dios que te arrepientes porque hiciste algo malo, ¿tiene Él que pensar si te perdona o no? ¡No! Dios te perdona al momento por Jesucristo.

¿Y qué de ti? Cuando alguien se arrepiente por haberte herido, o por haberte hecho sentir triste, ¿tienes tú que pensar si perdonas o no a esa persona? ¿O estás listo para abrazarlo y decirle: "yo te perdono"?

¿Qué debes decir cuando alguien te dice que está arrepentido?

QUERIDO DIOS, yo sé que tú me perdonas, y te doy gracias por eso. Ayúdame a perdonar a otros cuando no siento hacerlo. En el nombre de Jesús. Amén.

8 de junio

No tienes que pagar

Pero el hombre se tiró de rodillas delante del rey y le suplicó: ¡Señor, por favor, ten paciencia conmigo y te lo pagaré todo! El rey, conmovido, le soltó y le perdonó la deuda. MATEO 18:26-27

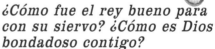

Jesús dijo una historia acerca de un rey. El rey tenía un ayudante que le debía mucho dinero. Cuando el ayudante dijo que él no podía pagar la deuda enseguida, el rey se sintió triste por él. Él dijo: "No tienes que pagar nada del dinero que me debes".

Dios es bondadoso, tal como aquel rey. Él perdona nuestros pecados.

¿Cómo fue el rey bueno para con su siervo? ¿Cómo es Dios bondadoso contigo?

QUERIDO DIOS, gracias por ser bondadoso como aquel rey. En el nombre de Jesús. Amén.

9 de junio

¡Págueme!

*Pero aquel mismo hombre salió de allí, fue
donde estaba alguien que le debía veinte mil pesos y,
agarrándolo por el cuello, demandó pago inmediato.*
MATEO 18:28

Jesús habló acerca de un rey que era bondadoso. Él tenía un ayudante que le debía mucho dinero, pero el rey no hizo al hombre pagar el dinero. ¿Pero qué hizo el ayudante? Él encontró otro hombre que le debía poco dinero. Lo agarró y le dijo que tenía que pagarle. Cuando él no pudo pagarle, lo puso en la cárcel.

¿Era el ayudante del rey bueno?

QUERIDO DIOS, tú eres tan bueno conmigo. Ayúdame a ser bueno con mis amigos. En el nombre de Jesús. Amén.

10 de junio

El rey se enojó

Los amigos del encarcelado, entristecidos, fueron a donde estaba el rey y le contaron lo sucedido ... Tan enojado estaba el rey que lo envió a las cámaras de tortura hasta que pagara el último centavo. MATEO 18:31, 34

Jesús dijo que el rey fue bueno y perdonó a su ayudante. Pero aquel ayudante no fue bueno con otro hombre. Él no perdonó al hombre. Sino que lo puso en la cárcel. Los amigos del hombre se lo dijeron al rey. Entonces el rey se enojó y mandó al ayudante a la cárcel. El rey era bueno, ¿no es cierto? Dios es bueno también.

¿Por qué el rey se enojó con su ayudante?

QUERIDO DIOS, tú eres un gran rey. Yo me alegro que tú siempre eres bueno. Amén.

11 de junio

No rehúses perdonar

Entonces, llamándolo su señor, le dijo: "Siervo malvado, te perdoné toda aquella deuda porque me suplicaste. ¿No deberías tú también haberte compadecido de tu consiervo, así como yo me compadecí de ti?"
MATEO 18:32-33 (B.d.I.A.)

El señor en la historia de Jesús tuvo misericordia de su ayudante. Así que fue bondadoso y amoroso con él. ¿Cómo fue bondadoso? Él perdonó a su ayudante sólo porque él se lo pidió. Jesús dijo esta historia para que supiéramos cómo de bueno y amoroso es Dios. Y él lo dijo para mostrarnos que debemos perdonar a otros porque ellos nos piden que los perdonemos.

Cuando es difícil perdonar a alguien, ¿cómo la historia de Jesús nos puede ayudar?

QUERIDO DIOS, ayúdame a perdonar a otros por las cosas malas que hacen, tal como tú me perdonas por las cosas malas que yo hago. Amén.

12 de junio

¡Dilo y siéntelo!

Así hará mi Padre celestial al que se niegue a perdonar a algún hermano. MATEO 18:35

¿Alguna vez tu hermano mayor dice algo ofensivo y luego te dice que lo siente? ¿Ha roto tu papá una promesa que te hizo y luego te dice que lo siente? Tal vez dijiste: "Oh, está bien". Pero realmente lo dijiste sin sentirlo. Aún actuaste mal y con ira.

Jesús no desea que tú sólo digas que perdonas a alguien. Él quiere que lo sientas en verdad.

¿Qué debes de dejar de hacer si verdaderamente perdonas a alguien?

QUERIDO DIOS, siempre que yo le diga a alguien "te perdono" ayúdame a sentir las palabras que digo. En el nombre de Jesús. Amén.

13 de junio

¡Quítate del medio!

Pero si confesamos a Dios nuestros pecados, podemos estar seguros de que ha de perdonarnos. 1 JUAN 1:9

A veces no queremos jugar más con un amigo. Queremos que nuestro amigo se vaya. Así que lo empujamos y lo molestamos y le decimos, "¡Quítate de mi camino!" Podemos aun empujarlo y hacerlo caer. Eso no está bien, ¿no es cierto? Ser cruel es malo. Es un pecado que tenemos que confesar a Dios. Eso quiere decir que tenemos que decirle lo que hicimos y decir que lo sentimos. Entonces Él nos perdonará y nos ayudará a decirle a nuestro amigo que lo sentimos también.

¿Qué quiere decir confesar nuestros pecados?

QUERIDO DIOS, a veces yo no soy bueno como debo ser. Lo siento. Por favor, perdóname y ayúdame a hacer lo correcto. En el nombre de Jesús. Amén.

14 de junio

¿Cuándo puedo parar?

Se le acercó Pedro, y le dijo: "Señor, ¿cuántas veces pecará mi hermano contra mí que yo haya de perdonarlo? ¿Hasta siete veces?"
MATEO 18:21 (B.d.l.A.)

Pedro sabía que las personas a veces hacen cosas malas una y otra vez. Así que él se preguntaba cuántas veces tenía que perdonar a personas así. ¿Puede ser siete veces? ¡Eso sería una vez por semana! Jesús sorprendió a Pedro diciéndole que siete veces no era suficiente. Jesús le dio un número muy, muy grande. Eso quiere decir que Jesús no quiere que las personas paren de perdonarse los unos a los otros.

¿Será siempre bueno dejar de perdonar a alguien?

QUERIDO DIOS, me alegro que nunca dejas de perdonarme. Ayúdame a nunca parar de perdonar a otros. Amén.

15 de junio

Cuatro amigos

Mientras predicaba, llegaron cuatro hombres con un paralítico en una camilla. MARCOS 2:3

Un joven no podía caminar. Era paralítico. Sus amigos cuidaban de él y lo querían ayudar. Bueno, ellos oyeron que Jesús estaba en el pueblo. Así que cuatro de ellos pusieron a su amigo en una camilla y lo llevaron a la casa donde Jesús estaba. Los hombres estaban entusiasmados. Ellos estaban seguros que Jesús sabía lo que iba a hacer.

¿Por qué algunos hombres llevaron a su amigo a Jesús?

QUERIDO DIOS, gracias por las personas que pueden caminar y gracias por las que no pueden caminar. Yo sé que tú los amas a todos, ¡y yo también! Amén.

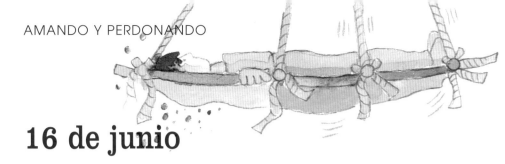

16 de junio

Una buena idea

Como no pudieron atravesar la multitud y llegar a Jesús, se las arreglaron para subir al techo y hacer una abertura. MARCOS 2:4

¿Cómo un hueco en el techo sería una buena idea? ¡En una ocasión lo fue! Cuatro hombres estaban llevando su amigo en una camilla, porque él no podía caminar. Ellos subieron al hombre por una escalera hasta un techo plano. Fue en la casa donde Jesús estaba. El techo estaba hecho de barro y madera, así que era fácil hacer un hueco. Jesús miró hacia arriba para ver lo que estaba pasando ¡y vio un hombre bajando a través del techo!

¿Qué idea buena le dio Dios a los cuatro amigos?

QUERIDO DIOS, gracias por las ideas buenas que tú das cuando deseamos ayudar a nuestros amigos. En el nombre de Jesús. Amén.

17 de junio

Jesús ayuda

Cuando Jesús vio la confianza que aquéllos tenían en que Él podía sanar al amigo, dijo al enfermo: Hijo, te perdono tus pecados".
MARCOS 2:5

El hombre en la camilla no podía caminar. Él necesitaba la ayuda de Jesús. Pero primero Jesús perdonó sus pecados. Jesús vio que el hombre y sus amigos "tenían una gran fe". Eso quiere decir que cada uno creía de todo corazón que Jesús podía ayudar. ¡Así que Él lo hizo! Después de perdonar al hombre, le dijo que se parara y caminara.

¿Cuáles dos cosas hizo Jesús por este hombre?

QUERIDO DIOS, me alegro que puedo orar por mis amigos. Es como traerlos a Jesús de la misma forma que los cuatro hombres trajeron a su amigo. Amén.

18 de junio

Pablo estaba equivocado

(Pablo dijo) "Yo ciertamente había creído que debía hacer muchos males en contra del nombre de Jesús de Nazaret ... y enfurecido contra ellos, seguía persiguiéndolos aun hasta en las ciudades extranjeras". HECHOS 26:9, 11

En un tiempo Pablo no pensaba que Jesús era el Hijo de Dios. Después que Jesús volvió al cielo, Pablo comenzó a herir a los seguidores de Jesús. Pablo pensó que estaba haciendo lo correcto, pero estaba equivocado. Él debió haber hablado a la gente que él estaba hiriendo. Ellos lo hubieran podido ayudar a conocer a Jesús.

¿Qué hizo Pablo que estaba mal hecho?

QUERIDO DIOS, ayúdame a creer que Jesús es tu Hijo. Ayúdame a escuchar a mi maestro de escuela dominical y a otros que aman a Jesús. Amén.

19 de junio

Una luz del cielo

Al mediodía ... vi una luz procedente del cielo más brillante que el sol ... Yo entonces dije: "¿Quién eres, Señor? Y el Señor dijo; "Yo soy Jesús a quien tú persigues". HECHOS 26:13,15 (B.d.I.A.)

Pablo iba para un pueblo muy lejos. Él quería perseguir allí a las personas que amaban a Jesús. Pero mientras estaba en el camino, una luz muy brillante empezó a brillar. ¡Y Jesús le habló desde el cielo! Jesús dijo que cuando Pablo perseguía a las personas, él estaba persiguiéndole a Él también. Jesús quería que Pablo ayudara a las personas, y que no las hiriera. Fue tiempo para que Pablo enseñara a la gente que Jesús era realmente el Hijo de Dios.

¿Qué le pasó a Pablo en el camino un día?

QUERIDO JESÚS, gracias por ayudar a Pablo a conocerte. Gracias por ayudarme a aprender de ti también. Amén.

20 de junio

El nuevo trabajo de Pablo

(Jesús le dijo a Pablo,) "...porque te he aparecido con el fin de designarte como ministro y testigo ... para que abras sus ojos a fin de que se vuelvan de la oscuridad a la luz..." HECHOS 26:16,18 (B.d.I.A.)

Antes de Jesús hablar a Pablo mediante una luz brillante, Pablo no creía en Jesús. Él trató de matar a las personas que creían. Después que Jesús le habló desde el cielo, Pablo fue dondequiera a decirle al pueblo sobre eso. Él fue caminando a algunos lugares y a otros fue por barco. Él le dijo a la gente que creyera en Jesús. Entonces Dios perdonaría sus pecados.

¿Qué le dijo Pablo a la gente en todo lugar?

QUERIDO DIOS, gracias por las personas que le hablan a otros sobre Jesús. Yo quiero aprender más acerca de él para yo poder decirle a la gente lo que yo sé también. Amén.

21 de junio

¡Toca, toca! ¡Jesús está ahí!

(Jesús dijo:) "Yo estoy siempre a la puerta y llamo; si alguno escucha mi llamado y abre la puerta, entraré y cenaré con él y él conmigo".
APOCALIPSIS 3:20

Es alegre cuando tus amigos vienen a visitarte y a comer contigo, ¿no es cierto? Bueno, Jesús desea ser tu amigo muy especial. Él no vive en la tierra ahora mismo —vive en el cielo. Pero aún Él desea ser parte de tu vida en la tierra ahora mismo. Quiere estar cerca de ti todo el tiempo. Él puede hacerlo —¡todo lo que tienes que hacer es invitarlo!

¿Puedes ver a Jesús? ¿Puede ser Él todavía tu amigo especial?

QUERIDO JESÚS, te amo, y deseo que tú seas mi amigo. Por favor, ven a estar conmigo todo el tiempo. Amén

22 de junio

La respuesta vendrá

Pide y se te concederá lo que pidas... Porque el que pide, recibe.
MATEO 7:7,8

Si tú le pides a tu mamá bizcocho antes de la comida, ¿piensas que ella te dirá que esperes? Puede que ella diga: "Pregúntame después de la comida". A veces nosotros le pedimos cosas a Dios que Él no está listo para darnos. Nosotros sabemos que no es el tiempo correcto. ¡O tal vez Él tiene un regalo mejor que darnos! Pero Dios no quiere que nos olvidemos. Él quiere que nosotros continuemos pidiendo, y Él nos dará exactamente la cosa correcta en el tiempo correcto.

¿Qué debemos hacer cuando deseamos algo de Dios?

QUERIDO DIOS, gracias por dejarme pedirte cosas. Gracias por saber cómo contestar mis oraciones. En el nombre de Jesús.

Amén.

23 de junio

Dios cumple sus promesas

Cuando llegó el momento que tenía determinado, Dios envió a su Hijo .... a fin de adoptarnos como hijos suyos ... y como somos sus hijos todo lo que tiene nos pertenece. GÁLATAS 4:4,5,7

A tus padres les gusta hacer cosas para ti porque tú eres su hijo y ellos te aman. Bueno, Dios quiere que tú seas su niño en su familia también. Él envió a Jesús para que tú puedas creer en Él y unirte a su familia. Dios promete amarte y perdonarte. Él te ayudará a tener lo que necesitas, y Él también promete ¡que nunca te dejará!

¿Cuáles son algunas de las promesas de Dios para ti?

QUERIDO DIOS, yo amo a mi familia. Y me alegro que puedo ser un hijo en tu familia también. En el nombre de Jesús. Amén.

24 de junio

Continuamos complaciendo a Jesús

De la manera que recibisteis a Cristo Jesús el Señor, así andad en Él.
COLOSENSES 2:6 (B.d.l.A.)

Cuando tú escogiste ser de la familia de Dios, recibiste un regalo. ¡Ese regalo es Jesús! Él viene a vivir contigo y ayudarte. Recibir a Jesús es como tener un cumpleaños. Pero sabes lo que a veces pasa con los regalos de cumpleaños. Nos olvidamos de ellos. Eso no es bueno hacerlo, ¿verdad? No queremos olvidar a Jesús tampoco. Queremos continuar agradándole y dejando que Él nos ayude.

Desde que Jesús es nuestro amigo, ¿qué deseamos seguir haciendo?

QUERIDO JESÚS, gracias por querer vivir conmigo y ayudarme. No quiero nunca olvidarme de ti. Amén.

25 de junio

Y el ganador es...

En una carrera varios son los que corren, pero sólo uno obtiene el premio. 1 CORINTIOS 9:24

¿Sabías tú que vivir para Jesús es como correr una carrera? Cuando estás en una carrera, tienes que continuar corriendo hasta el final. No puedes parar si tratas de ganar. Cuando estás viviendo para Jesús, tienes que tratar de agradarle a Él hasta el final. No puedes parar de vivir para Él ahora, si quieres vivir con Él en el cielo algún día.

¿Cómo es vivir para Jesús igual que correr en una carrera?

QUERIDO JESÚS, yo estoy feliz cuando corro, y estoy feliz cuando hago lo mejor para agradarte. ¡te amo! Amén

26 de junio

Un premio que dura

*Un atleta se esfuerza por ganar una simple
cinta azul o una copa de plata, mientras
que nosotros nos esforzamos por obtener
un premio que jamás se desvanecerá.*
1 CORINTIOS 9:25

Mucha gente compiten unos con otros en los Juegos
Olímpicos. Hay diferentes juegos, y cada uno trata de ganar
una medalla de oro. En los tiempos bíblicos, los ganadores en el
juego recibían una corona de hojas. Pero las hojas verdes se
secaban y tenían que tirarlas. Aquellos que aman a Jesús ten-
drán una corona diferente. ¡Tendremos un premio en el cielo que
durará para siempre!

¿Qué es especial acerca del premio que Jesús desea darnos?

QUERIDO DIOS, ¡yo quiero vivir para
Jesús toda mi vida y ser
ganador para siempre!
En el nombre de Jesús.
Amén.

27 de junio

¡No te detengas ahora!

Despojémonos de cualquier cosa que nos reste agilidad o nos detenga... y corramos con paciencia la carrera en que Dios nos ha permitido competir. HEBREOS 12:1

Si corres una carrera larga, tienes que dejar ropa extra que te detenga. Si quieres vivir para Jesús toda tu vida, ¡esa es una carrera larga! Así que necesitas dejar los pecados que no te dejan obedecerlo a Él. Jesús quiere ayudarte a ganar. Así que puedes pedirle que te ayude a dejar de hacer cosas malas. ¡Y Él lo hará!

¿Cómo Jesús puede ayudarte a vivir para Él toda tu vida?

QUERIDO JESÚS, necesito tu ayuda para salir de las cosas malas que yo hago. Enséñame cómo seguirte todos los días. Amén.

28 de junio

Jesús ora por ti

No te estoy pidiendo que los saques del mundo, sino que los guardes del mal .... No oro solamente por ellos, sino también por las personas que en el futuro han de creer en mí por el testimonio de ellos". JUAN 17:15,20

Cuando Jesús vivió en la tierra, él oró que Dios, su Padre en el cielo, guardara sus amigos seguros. ¿Pero sabes tú lo que es verdaderamente maravilloso? Jesús no sólo oró por los amigos que tenía en aquel tiempo. ¡Él también está orando por ti! Él está orando por todos aquellos que creen que Él es el Hijo de Dios.

¿Quiénes son las personas por quienes Jesús ora?

QUERIDO JESÚS, yo sé que me amas mucho porque tú oras por mí. Gracias, Jesús. Amén.

29 de junio

Dios será nuestro guardador

El Señor marchará frente a ustedes, y Él, el Dios de Israel, los protegerá por la retaguardia. ISAÍAS 52:12

Algunos países tienen un rey o reina que vive en un palacio. Hay un guardia en cada entrada para proteger al rey o a la reina. Los guardias no dejan entrar a nadie que no pertenezca a allí.

Dios es como un guardia que nos protege en todas direcciones. ¡Él va delante de nosotros y hace el camino seguro antes que nosotros hayamos llegado allá! Y Él está detrás de nosotros para que no tengamos que temer de lo que hay allá también.

Dios nunca duerme. ¿Cómo eso lo hace un buen guardia?

QUERIDO DIOS, gracias por guardarme seguro cuando estoy en mi casa con mi familia. Gracias por ir conmigo y protegerme dondequiera que voy. Amén.

30 de junio

Dios permanece el mismo

Todo lo bueno y perfecto desciende de Dios, del creador de la luz, del que brilla eternamente sin sombras ni variaciones. SANTIAGO 1:17

¿Has usado tus manos y brazos para hacer formas de animales en la pared? Las sombras nunca se quedan iguales, ¿no es cierto? Las formas siempre están cambiando. Cuando está nublado, ni siquiera puedes ver tu sombra. ¿Pero sabes qué? Dios no es una sombra ¡Él nunca cambia! Podemos confiar en Él para amarnos y para cuidarnos todo el tiempo.

¿Cómo es Dios diferente de una sombra?

QUERIDO DIOS, yo me alegro que tú nunca cambias. No tengo que preocuparme si estás conmigo porque yo sé que tú siempre estás. ¡Gracias, Dios! Amén.

185

1 de julio

El mundo de Noé

Dios vio el alcance de la maldad humana ... Pero Noé agradó a Dios.
GÉNESIS 6:5, 8

Hace mucho tiempo cuando Noé vivía, Dios amaba la gente así como él te ama a ti. Él deseaba que la gente lo amara, pero ellos no lo amaban. Eran muy malos - ellos hacían todo lo malo que te puedes imaginar, y más. Pero Noé no era así. Él era bueno, hombre bondadoso que amaba a Dios.

Cuando otros hacen cosas malas, ¿cómo tú puedes ser como Noé?

QUERIDO DIOS, aun cuando otros pelean y son malos, ayúdame a hacer lo bueno. Yo quiero agradarte como lo hizo Noé. Amén.

2 de julio

Dios tenía un plan

(Dios dijo a Noé): He decidido destruir a la humanidad, porque por culpa del hombre la tierra está llena de violencia ... Hazte un barco de madera .... Porque voy a inundar la tierra con un diluvio para destruir a todo ser viviente". GÉNESIS 6:13-14,17

Dios se sentía triste porque la gente era mala los unos con los otros. Él se sintió triste porque ellos ni siquiera ya pensaban en él. Pero Dios estaba contento con Noé y su familia. Dios le dijo que hiciera un barco especial llamado "un arca". Noé y su familia iban a necesitar ese barco. Porque Dios iba a enviar un diluvio para cubrir la tierra con agua.

¿Por qué Dios quería que Noé hiciera un barco?

QUERIDO DIOS, gracias por hacer un plan para guardar a Noé a salvo. Yo me alegro que tú sabías que Noé te amaba. ¡Yo te amo también! Amén.

PLAN

3 de julio

El barco grande

Hazte un barco de madera resinosa, calafatéalo con brea y hazle cubiertas y camarotes a todo lo largo. Hazlo de ciento treinta y cinco metros de largo, veintidós metros y medio de ancho y trece metros y medio de alto".
GÉNESIS 6:14-15

Noé no tenía que preocuparse cómo hacer el barco. ¡Dios le dijo que lo hiciera muy grande! La gente pudo haber pensado que Noé estaba loco. No había ríos ni lagos u océanos cerca, así que ¿por qué Noé necesitaba un barco? Pero Noé hizo todo lo que Dios le dijo que hiciera.

¿Complació Noé a Dios cuando hizo el barco grande?

QUERIDO DIOS, ayúdame a agradarte aprendiendo lo que tú quieres que yo haga cada día. Amén.

188

4 de julio

¡Dios pensó en todo!

Construye un tragaluz alrededor de todo el barco a cuarenta y cinco centímetros del techo. Hazle tres cubiertas: una cubierta inferior, una intermedia y una superior, y hazle una puerta al costado". GÉNESIS 6:16

El barco iba a estar listo pronto. Iba a tener una abertura a todo alrededor para que la luz entrara. Habrían tres pisos, cada uno con muchos cuartos. También iba a tener una puerta. Noé escuchó cuidadosamente las instrucciones de Dios. ¡Él quería estar seguro cuando viniera el agua!

¿Por qué Noé escuchó las instrucciones de Dios?

QUERIDO DIOS, tú das buenas instrucciones. Ayúdame a escuchar cuidadosamente tus palabras en la Biblia para yo estar feliz y seguro. Amén.

5 de julio

Un barco lleno

Trae una pareja de cada animal, macho y hembra, y hazlos entrar en el barco contigo para que sobrevivan al diluvio .... Noé hizo todo lo que Dios le mandó. GÉNESIS 6:19-20,22

¿Puedes tú acomodar dos de cada cosa viviente en tu casa? ¡Las jirafas saldrán por el techo, y los elefantes se estrellarían en el piso! Pero el barco que Noé hizo era lo suficiente grande para él, su familia, y todos aquellos animales, los pájaros, y las cosas que se arrastran!

¿Por qué Dios le dijo a Noé que hiciera un barco tan grande?

QUERIDO DIOS, me alegro que Noé hizo todo lo que le dijiste. Ayúdame a hacer eso también. Amén.

6 de julio

Salvos adentro

Pero Noé había entrado al barco ese día, con su esposa y sus hijos... y parejas de toda clase de animales, domésticos y silvestres, reptiles y aves .... luego Dios cerró la puerta. GÉNESIS 7:13,16

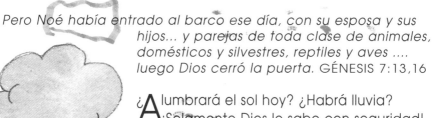

¿Alumbrará el sol hoy? ¿Habrá lluvia? ¡Solamente Dios lo sabe con seguridad! Cuando Dios estuvo listo para enviar la lluvia, le dijo a Noé que entraran en el barco. Dios cuidó de Noé, su familia, y todas las otras cosas vivientes. ¡Él aun cerró la puerta del barco detrás de ellos cuando estaban dentro!

¿Cómo Dios guardó seguro a Noé?

QUERIDO DIOS, gracias por cuidar de Noé y por cuidarme a mí. Amén.

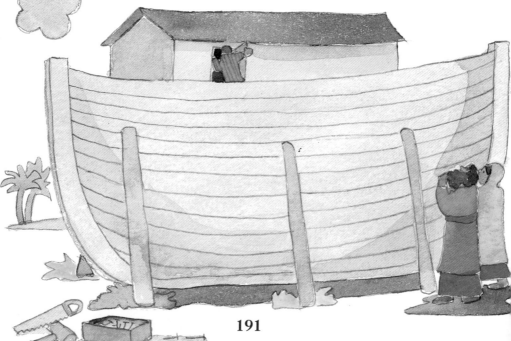

7 de julio

¡Agua por dondequiera!

Durante cuarenta días estuvieron cayendo las rugientes aguas, y cubrieron la tierra, haciendo que el barco se elevara conforme subía el nivel de las aguas.
GÉNESIS 7:17-18

No había tierra seca en ningún lugar. Toda la tierra estaba cubierta de agua. ¿En qué tú crees que Noé estaba pensando? ¿Estaba contento que él y su familia estaban seguros en el barco? ¿Estaba contento porque había escuchado y obedecido a Dios? Noé probablemente estaba muy ocupado también. ¡Él tenía muchos animales que cuidar!

¿Puedes marcar 40 días en el calendario? ¡Esos son muchos días de lluvia!

QUERIDO DIOS, oro porque tú guardes segura a mi familia y a mí, como guardaste a Noé. Amén.

8 de julio

La tierra se seca

Dios no olvidó a Noé y a los que estaban en el barco. Envió un viento que sopló sobre las aguas y éstas comenzaron a descender …. y la lluvia dejó de caer. GÉNESIS 8:1-2

¿Se olvidó Dios de la gente y los animales en el barco? ¡No! Dios sabía que ellos no se podían quedar allí para siempre. Así que hizo que el agua comenzara a bajar. Noé envió una paloma para ver si la tierra estaba seca. Al principio no había ningún lugar seco donde la paloma se pudiera parar. Pero cuando la paloma no volvió, Noé miró afuera y vio que la tierra estaba ya seca.

¿Qué hizo Dios por Noé y los animales?

QUERIDO DIOS, gracias por no olvidarte de Noé. ¡Y gracias por nunca olvidarte de mí! Amén.

193

9 de julio

Un arco iris y una promesa

(Dios dijo:) "No volveré a enviar otro diluvio sobre la tierra para destruirla .... he colocado mi arco iris en las nubes como señal de mi promesa hasta el fin del tiempo para ustedes y para toda la tierra". GÉNESIS 9:11,13

¡Noé y su familia no se habían parado en tierra seca por más de un año! Ahora Noé dio gracias a Dios por guardarlo a él y su familia seguros. Dios prometió que nunca más iba a cubrir la tierra con agua otra vez. Entonces Dios puso un arco iris en el cielo —tal como vemos el sol salir después de la lluvia.

¿En qué piensas cuando ves un arco iris?

QUERIDO DIOS, gracias por el arco iris y por tu promesa de no cubrir la tierra con agua otra vez. Amén.

10 de julio

Tiempo de mudanza

Pero Dios le había dicho a Abram: Deja tu tierra y tu parentela y vete a la tierra a la cual te guiaré. GÉNESIS 12:1

Muchos años después del diluvio, un hombre llamado Abram vivía en el pueblo de Harán. Dios le dijo a Abram que era tiempo de mudarse. Pero sabes una cosa, ¡Dios no le dio ninguna dirección! Dios quería que Abram confiara en Él y creyera que Dios le iba a mostrar el camino. Abram creyó. Empaquetó sus cosas y se preparó para mudarse con su esposa, Saraí, y su sobrino Lot.

¿Por qué Abram preparó sus cosas? ¿Te has mudado tú o algunos de tus amigos?

QUERIDO DIOS, ayúdame a confiar en ti igual que Abram lo hizo. En el nombre de Jesús. Amén.

195

11 de julio

Un nuevo lugar para vivir

Esta tierra se la daré a tu descendencia. GÉNESIS 12:7

Todavía no habían aviones ni carros. ¡Así que Abram, su familia, y sus ayudantes tenían que caminar hacia su nuevo hogar! Ellos llevaron sus camellos, sus ovejas y sus asnos. Enrollaron su tienda y también se la llevaron. Todas las noches ellos dormían en sus tiendas. Finalmente llegaron a la tierra donde Dios quería que ellos vivieran. Dios prometió dar la tierra a los hijos de Abram y a los nietos y a todos los hijos de sus hijos.

¿Qué promesa especial Dios le hizo a Abram?

QUERIDO DIOS, gracias por darle a Abram un lugar para vivir. Gracias también por mi hogar. Amén.

12 de julio

No peleemos

Entoces Abram conferenció con Lot: Estas peleas entre nuestros hombres deben terminar. GÉNESIS 13:8

Abram y Lot tenían muchas ovejas y vacas. Ellos sólo tenían un problema —no había suficiente hierba o agua para todos los animales. Así que los ayudantes de Abram comenzaron a pelear con los ayudantes de Lot. Cada uno quería la mejor tierra para sus animales. Pero Abram le dijo a Lot que ellos debían tener los animales en diferentes lugares. Él le dijo a Lot que escogiera el lugar que quisiera.

¿Qué puedes hacer cuando necesitas terminar una pelea?

QUERIDO DIOS, siento mucho por las peleas que he tenido. Enséñame a llevarme bien con todos. Amén.

13 de julio

Lot necesita ayuda

Lot habitó entre las ciudades de la llanura y poco a poco se estableció en Sodoma. Los hombres de este lugar estaban extraordinariamente corrompidos y pecaban gravemente...
GÉNESIS 13:12-13

Lot pensó que se iba a alejar de las peleas. Pero él no escogió un buen lugar para vivir. La gente a su alrededor hacían cosas malas. ¡Porque el rey tenía peleas con reyes de otros países! Un día la gente de otro país se llevó a Lot y a su familia para otro lugar. Cuando Abram oyó sobre esto, él fue y ayudó a volverlos a traer de nuevo.

¿La gente alrededor tuyo alguna vez hacen cosas malas?

QUERIDO DIOS, gracias por enviar ayuda cuando mis amigos están peleando y haciendo otras cosas malas. Amén.

14 de julio

Demasiado para contarlas

Contempla el cielo y cuenta las estrellas, si las puedes contar. Así será tu descendencia: tan numerosa que será imposible de contar. GÉNESIS 15:5

Abram era viejo, él y su esposa no tenían hijos. Así que habló con Dios acerca de eso. Dios le hizo una promesa especial a Abram. ¡Él dijo que Abram tendría tal familia que no iba a poder contar toda la gente! Iba a ser como tratar de contar las estrellas. Abram iba a tener muchos descendientes —hijos y nietos y todos los hijos de sus hijos.

¿Por qué Dios quería que Abram mirara a las estrellas?

QUERIDO DIOS, gracias por prometerle a Abram una familia grande. Gracias por mi familia. Amén.

15 de julio

Nombres nuevos

Yo soy el Dios Todopoderoso; obedéceme y vive rectamente delante de mí .... Además te he cambiado el nombre. No te llamarás más Abram sino Abraham .... En cuanto a Sarai tu esposa, no se llamará más Sarai, sino Sara. GÉNESIS 17:1,5,15

Dios le dio a Abram el nombre de Abraham porque él iba a ser padre. Algún día su familia iba a vivir en muchos lugares. Sarai vino a ser Sara porque Sara quiere decir "princesa". Ella iba a ser la madre de Isaac el hijo de Abraham. Dios estaba planeando cosas buenas para Abraham. Todo lo que Dios le pidió a Abraham fue que lo obedeciera.

¿Qué pidió Dios que Abraham hiciera?

QUERIDO DIOS, yo sé que tú planeas buenas cosas para mí como lo hiciste para Abraham. Ayúdame a obedecerte. Amén.

16 de julio

¡Dios puede hacer cualquier cosa!

Entonces Dios le dijo a Abraham: "¿Por qué se rió Sara? ¿Por qué dijo: ¿Puede una vieja como yo tener un hijo? ¿Hay algo que sea difícil para Dios?" GÉNESIS 18:12-14

Abraham y Sara eran viejos para ser bisabuelos. ¡Ellos tenían alrededor de 100 años! Personas tan viejas por lo regular no pueden hacer ningún trabajo, y por cierto son demasiado viejos para tener niños. Así que Sara se rió cuando Dios dijo que ellos iban a tener un bebé. Pero nada es imposible para Dios. ¡Él ayudó a Abraham y a Sara a ser la mamá y el papá de Isaac!

¿Por qué era tan especial para Abraham y Sara llegar a ser mamá y papá?

QUERIDO DIOS, yo me alegro que nada es imposible para ti, Amén.

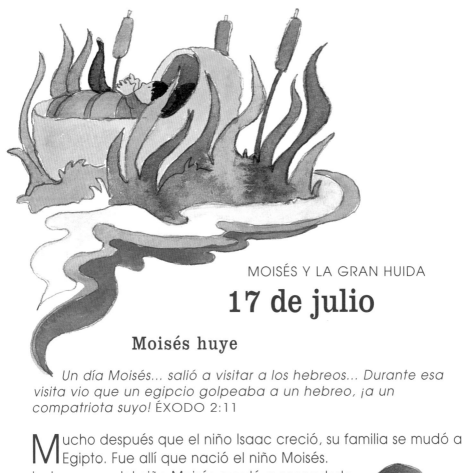

MOISÉS Y LA GRAN HUIDA

17 de julio

Moisés huye

Un día Moisés... salió a visitar a los hebreos... Durante esa visita vio que un egipcio golpeaba a un hebreo, ¡a un compatriota suyo! ÉXODO 2:11

Mucho después que el niño Isaac creció, su familia se mudó a Egipto. Fue allí que nació el niño Moisés. La hermana del niño Moisés ayudó a esconderlo del rey malo. Pero cuando Moisés creció, el rey y los egipcios todavía eran malos. Moisés trató de ayudar a su pueblo, pero no pudo. Así que Moisés huyó y comenzó a cuidar ovejas.

¿Por qué Moisés huyó?

QUERIDO DIOS, yo sé que tú no quieres que yo juegue con niños traviesos. Muéstrame cuándo está bien huir de ellos. Amén.

18 de julio

Una zarza ardiendo

Y se le apareció el ángel del Señor en una llama de fuego, en medio de una zarza. ÉXODO 3:2 (B.d.I.A.)

Las personas tienen que tener cuidado alrededor del fuego, ¿verdad? Aun una pequeña llama en una vela se pone muy caliente. Bueno Moisés se encontró con una zarza que estaba en fuego, ¡pero no se quemaba! Dios habló con él desde la zarza. Dios se preocupaba de su pueblo en Egipto. Él le dijo a Moisés que regresara allá y sacara a su pueblo lejos del rey malo.

¿Qué le dijo Dios a Moisés desde la zarza ardiendo?

QUERIDO DIOS, gracias por cuidar de tu pueblo. Ayúdame a cuidar de mis amigos también. Amén.

19 de julio

Moisés sigue adelante

Entonces el Señor dijo a Moisés: Ve a Faraón y dile: ... deja ir a mi pueblo para que me sirva.
ÉXODO 9:1 (B.d.I.A.)

El rey malo de Egipto se llamaba Faraón. Era difícil para Moisés hablar con él. Así que Dios dejó al hermano de Moisés, Aarón, ir con él. Cada vez que iban, ellos le decían que dejara ir al pueblo de Dios. Después que Dios mandó muchos problemas a Egipto, finalmente Faraón dejó ir al pueblo de Dios.

¿Qué tuvo que hacer Moisés una y otra vez?

QUERIDO DIOS, cuando tú quieras que yo haga algo que es difícil, por favor, ayúdame a ser como Moisés y no rendirme.
Amén.

20 de julio

Nadie se moja

El Señor, por medio de un fuerte viento solano que sopló toda la noche, hizo que el mar retrocediera; y cambió el mar en tierra seca, y fueron divididas las aguas. ÉXODO 14:21 (B.d.l.A.)

¡Moisés estaba tan emocionado al sacar al pueblo de Dios de Egipto! Pero pronto las cosas comenzaron a verse mal de nuevo. Había un gran mar frente a ellos. Y detrás de ellos venía el rey malo con su ejército. Pero Dios le dijo a Moisés lo que tenía que hacer. ¡Y Dios dividió las aguas para que su pueblo pudiera caminar a través del mar a tierra seca!

¿Qué problema enfrentaba el pueblo de Dios?

QUERIDO DIOS, tú puedes hacer cualquier cosa, así que yo sé que tú puedes hacerte cargo de mis problemas. Amén.

21 de julio

Diez reglas especiales

Y el Señor dijo a Moisés: Sube hasta mí ... y te daré las tablas de piedras con la ley y los mandamientos que he escrito para instrucción de ellos. ÉXODO 24:12 (B.d.I.A.)

¿Tienes reglas en tu casa que te ayudan a llevarte con tu familia? ¡Las reglas son buenas para eso! Dios le dio a Moisés algunas reglas llamadas mandamientos. Ellos enseñan a la gente cómo vivir. Las reglas de Dios nos enseñan a adorar a Dios todas las semanas en su día especial y a tratar a nuestros padres con respeto. Ellas nos enseñan a no adorar dioses falsos, a no robar, ni a mentir.

¿Cuáles son algunas de las reglas especiales de Dios?

QUERIDO DIOS, gracias por tus reglas, que nos enseñan la manera correcta de vivir. Amén.

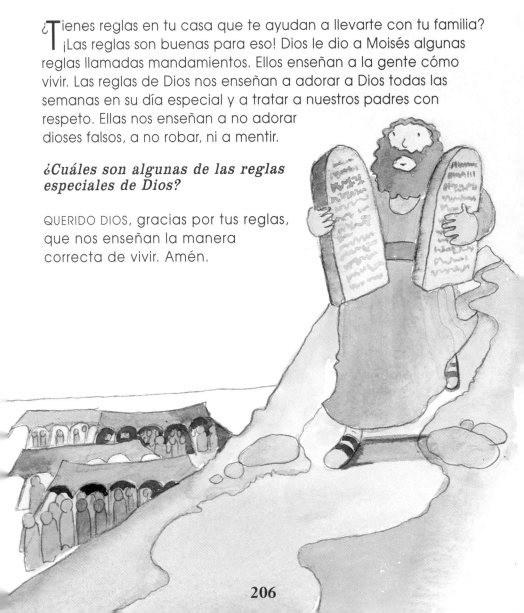

22 de julio

Dios ve lo que hay por dentro

Los hombres juzgan por la apariencia exterior, pero yo miro el corazón. 1 SAMUEL 16:7

El pueblo de Dios estaba viviendo en la tierra a donde Moisés los llevó. Ahora Dios le dijo a Samuel que uno de los hijos de Isaí iba a ser rey. Samuel pensó que Dios había escogido al hijo mayor, el más alto y bien parecido. Pero Dios había escogido a David, quien amaba a Dios con todo su corazón. Él era el más joven y no el más alto, pero él sería el mejor rey.

¿Quién sabe cómo nosotros somos por dentro - cómo pensamos y sentimos?

QUERIDO DIOS, tú sabes cómo realmente yo soy, tal como tú sabías todo acerca de David. Gracias por entenderme a mí. Amén.

23 de julio

Alimento para los hermanos de David

Un día Isaí dijo a David: Toma estos veinticuatro litros de grano tostado y estos diez panes y llévalos a tus hermanos. 1 SAMUEL 17:17-19

David todavía no era rey. Él vivía con su padre y cuidaba las ovejas. Un día su padre le pidió que le llevara alimento a sus hermanos. Ellos estaban en el ejército, esperando pelear contra los soldados enemigos. Probablemente a David le hubiera gustado quedarse con las ovejas. Pero él hizo lo que su padre le pidió. Él salió en la mañana siguiente.

Si tú no sientes hacer lo que tu mamá o tu papá te piden que hagas, ¿qué harías tú entonces?

QUERIDO DIOS, ayúdame a agradarte haciendo lo que se me pide que haga aun cuando no quiero. Amén

208

24 de julio

"¡Atrévete!"

(Goliat dijo:) Desafío a los ejércitos de Israel. Envíen un hombre que pelee conmigo. 1 SAMUEL 17:10

Goliat era un gigante. ¡Tenía más de 9 pies de alto! Eso es lo alto que tú serías si te paras en los hombros de tu papá. Goliat quería pelear con el pueblo de Dios —el ejército de Israel.

Él gritó, "atrévanse a enviar un hombre para pelear conmigo!"

Los hombres en el ejército de Israel tenían miedo. Ninguno se atrevía a pelear con Goliat.

¿Por qué los hombres de Israel tenían miedo de pelear con Goliat?

QUERIDO DIOS, algunas veces no me atrevo enfrentar mis problemas porque parecen más grandes que gigantes. Por favor, muéstrame cómo manejarlos. Amén.

209

25 de julio

Un joven valiente

David habló con otros que estaban por allí para verificar lo que había oído .... ¿Quién es este filisteo pagano, que se le permite que desafíe a los ejércitos del Dios vivo? 1 SAMUEL 17:26

David sólo estaba visitando sus hermanos en el ejército. Él no era ni siquiera un soldado. Pero David era el único suficientemente valiente para pelear con Goliat, el gigante. David sabía que Dios ayudaría a su pueblo. Pero el hermano mayor de David estaba enojado con él. Su hermano dijo: "Tú debes estar en la casa cuidando tus ovejas".

¿Quién era valiente, David o sus hermanos mayores?

QUERIDO DIOS, yo quiero ser valiente como David y confío en tu ayuda. Amén.

26 de julio

Un niño pequeño y un Dios grande

Entonces dijo David al filisteo: Tú vienes a mí con espada, lanza y jabalina, pero yo vengo a ti en el nombre del Señor de los ejércitos. 1 SAMUEL 17:45-46 (B.d.I.A.)

Goliat dijo cosas malas de Dios y su pueblo. Así que David sabía que Dios lo ayudaría a pelear con Goliat. ¡De hecho, Dios ya había ayudado a David a pelear con un león y con un oso! David recogió cinco piedras y puso una en su flecha. Él meció el tirante de cuero varias veces hasta que la piedra salió e hirió al gigante. Nadie tenía que preocuparse de Goliat después de eso.

¿Cómo David sabía que Dios lo ayudaría?

QUERIDO DIOS, yo no soy muy grande, pero tú eres un Dios grande. Yo sé que tú siempre cuidas de mí. Amén.

27 de julio

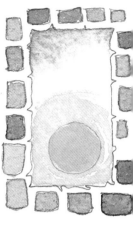

David es bondadoso

David le dijo: No temas, porque ciertamente te mostraré bondad por amor a tu padre Jonatán. 2 SAMUEL 9:7 (B.d.I.A.)

Cuando Saúl era el rey, David y el hijo del rey, Jonatán, eran buenos amigos. Ahora Saúl y Jonatán ya no estaban vivos, pero David supo que Jonatán tenía un hijo. Los pies de este joven estaban enfermos, y David quería ayudarlo. Él le dio al hijo de Jonatán la tierra que había pertenecido a su abuelo. ¡David también dejó al joven vivir en el palacio!

¿Qué hizo David por el hijo de Jonatán?

QUERIDO DIOS, muéstrame cómo ser bondadoso con alguien hoy o mañana. Amén.

28 de julio

David, el rey

Y cada vez que el espíritu que lo atormentaba de parte de Dios molestaba a Saúl, David tocaba el arpa y Saúl se sentía mejor .... Allá fueron los dirigentes de Judá y lo coronaron (a David) rey de Judea. 1 SAMUEL 16:23; 2 SAMUEL 1:1; 2:4 (B.d.l.A.)

David tocaba el arpa para el rey Saúl. Pero Saúl se puso muy celoso de David y trató de hacerle daño. David tuvo que irse por un tiempo, pero Dios lo guardaba seguro. Después que Saúl murió, David fue el próximo rey. Así fue como Dios lo había planeado, cuando David era un niño pastor.

¿Qué hacía David antes de llegar a ser rey?

QUERIDO DIOS, tú sabes lo que yo voy a hacer cuando sea grande. Así que yo confío en ti que hagas que las cosas pasen en la forma que tú las has planeado. Amén.

29 de julio

Cantos acerca de Dios

Puesto que el Señor es mi Pastor, tengo cuanto necesito. Me da descanso en buenos pastos, y me guía junto a arroyos tranquilos.
SALMO 23:1-2

Cuando David era joven, él era un buen niño pastor. Él llevaba sus ovejas a pastos verdes donde había suficiente hierba para comer. Él también las llevaba a arroyos tranquilos donde no tuvieran miedo de beber. David sabía que Dios lo cuidaba a él así como él cuidaba sus ovejas. Así que David escribió cantos acerca de Dios. Él llamaba a Dios su pastor.

¿Por qué David llamaba a Dios su pastor?

QUERIDO DIOS, gracias por ser mi pastor y por darme todas las cosas que necesito. En el nombre de Jesús. Amén.

30 de julio

Mi pastor está cerca

No tendré miedo, pues tú irás siempre muy junto a mí, protegiéndome y guiándome. SALMO 23:4

A veces la oveja se lastima o se pierde, y los animales salvajes están cerca. Pero las ovejas no tienen que tener miedo porque su pastor está cerca. David siempre guardaba sus ovejas para mantenerlas fuera de problemas. Y si ellas se quedaban en algún lugar, él las sacaba y las guiaba a un lugar seguro. David sabía que Dios haría eso mismo por él, también. Así que él escribió acerca de esto en su canto.

Cuando tú sabes que Dios está cerca, ¿cómo eso te ayuda a no sentir miedo?

QUERIDO DIOS, gracias por guardarme de problemas y por guiarme a lugares seguros. Amén.

31 de julio

Seguro toda la noche

Yo soy la puerta por donde entran las ovejas. JUAN 10:7

Jesús, el Hijo de Dios, vino para mostrarnos cómo es Dios. Jesús dijo que Él es nuestro pastor, y nosotros somos sus ovejas. El pastor guarda las ovejas seguras en el corral en la noche quedándose él en la entrada. ¡Él es la puerta! Las ovejas no se pueden salir y vagar por ellas mismas en lugares donde no estén seguras. Y nada puede entrar a hacerles daño a las ovejas.

¿Cómo Jesús nos guarda seguros?

QUERIDO JESÚS, ¡estoy tan feliz que tú eres mi pastor! Guárdame seguro a través de la noche. Amén.

216

1 de agosto

Llévalos lejos

El rey de Babilonia, atacó a Jerusalén con sus ejércitos, y el Señor le dio la victoria sobre Joacim. DANIEL 1:1

Mucho antes de Jesús venir a la tierra, un rey con su ejército vino a Jerusalén. Eran de la ciudad de Babilonia, y ellos llevaron a mucha gente lejos de Jerusalén. El rey de Babilonia le dijo al líder del ejército que tomara los mejores jóvenes de las mejores familias. Estos jóvenes habían ido a Babilonia a vivir. Pero aun en aquel lugar tan lejos, Dios cuidó de ellos.

¿Qué tenían que hacer muchos de los jóvenes en Jerusalén?

QUERIDO DIOS, gracias por ir conmigo aun cuando tengo que ir a lugares donde yo no quiero ir. Amén.

2 de agosto

¡No, gracias!

Pero Daniel resolvió no comer ni beber lo proporcionado a ellos por el rey. DANIEL 1:8

¿Cuando vas a la casa de alguien, te dice tu mamá y tu papá que seas cortés y que comas la comida? ¡Probablemente ellos lo hacen! Pero Daniel tenía una buena razón para no comer. Él y otros jóvenes habían sido llevados a Babilonia. El pueblo allí adoraban dioses falsos, y el alimento en la mesa había sido ofrecido a aquellos dioses. Daniel y sus amigos hubieran desobedecido a Dios si hubieran comido aquel alimento.

¿Por qué estaba correcto que Daniel no comiera del alimento del rey?

QUERIDO DIOS, enséñame a obedecerte aun cuando estoy comiendo. En el nombre de Jesús. Amén.

3 de agosto

¡Más vegetales, por favor!

(Daniel) sugirió un régimen de diez días a base de solamente verduras y agua... DANIEL 1:12

Daniel quería obedecer a Dios y no comer de la comida del rey. Así que habló al guardia que lo estaba alimentando a él y a sus amigos. Daniel pidió vegetales y agua por diez días. Entonces el guardia tenía que ver si él y sus amigos eran más saludables que aquellos que comían de la comida del rey. ¡Por cierto, Daniel y sus amigos eran los jóvenes más saludables!

¿Qué hizo a Daniel y a sus amigos tan saludables?

QUERIDO DIOS, gracias por saber lo que es mejor para mí. Amén.

219

DANIEL Y SUS AMIGOS

4 de agosto

Los mejores estudiantes

El rey encontró que el consejo de estos jóvenes era diez veces mejor que el de los magos y sabios astrólogos de su reino.
DANIEL 1:20

Daniel y sus amigos vivían en el país donde los llevaron. Ellos tenían que aprender muchas cosas nuevas. Dios los ayudó a aprender y fueron muy sabios. Cuando el rey les hacía preguntas, él podía ver que ellos sabían mucho. De hecho, ¡ellos sabían más que toda la gente alrededor del rey!

¿Quién ayudó a Daniel y a sus amigos?

QUERIDO DIOS, hay tantas cosas nuevas que aprender cada día. ¿Me ayudas a aprender todo lo que tú quieres que yo sepa? ¡Gracias, Dios! Amén.

5 de agosto

¿Cuál fue mi sueño?

Así que Daniel entró para ver al rey. "Deme un poco de tiempo" le dijo, y yo le diré el sueño y lo que significa. DANIEL 2:16

Si tú tienes un sueño, nadie te puede decir sobre qué soñaste, ¿no es cierto? Pero eso era lo que el rey quería que sus ayudantes hicieran. Cuando ellos no pudieron, el rey quería despedirlos. Entonces Daniel vino y pidió más tiempo. ¿Qué creen ustedes que Daniel hizo durante ese tiempo? ¡Él pidió a sus amigos que oraran! Entonces Dios mostró a Daniel lo que el rey soñó.

¿Qué cosa les pidió Daniel a sus amigos que hicieran?

QUERIDO DIOS, gracias por ayudar a Daniel. Yo me alegro que siempre puedo orar cuando necesito ayuda también. Amén.

DANIEL Y SUS AMIGOS

6 de agosto

Un nuevo trabajo

Entonces el rey confirió a Daniel un alto rango... le nombró gobernador...
DANIEL 2:48

El rey estaba contento que Daniel pudo contarle sobre su sueño. Daniel dijo que fue Dios el que lo ayudó a hacerlo. Entonces el rey supo lo grande que Dios es. Y él supo que Dios ayudó a Daniel a ser muy sabio. Así que el rey hizo a Daniel ¡el hombre más importante de Babilonia!
Él dio a Daniel muchos regalos también.
Daniel preguntó si sus amigos Sadrac, Mesac y Abednego podían ayudarlo. El rey dijo que sí.

¿Por qué pasaron cosas buenas a Daniel?

QUERIDO DIOS, gracias por las cosas buenas que hiciste a Daniel. Gracias por todas las cosas buenas que has planeado para mí. Amén.

7 de agosto

Una estatua de oro

Sadrac, Mesac, y Abednego... le han desafiado, rehusando servir sus dioses o adorar la estatua de oro que ha levantado. DANIEL 3:12

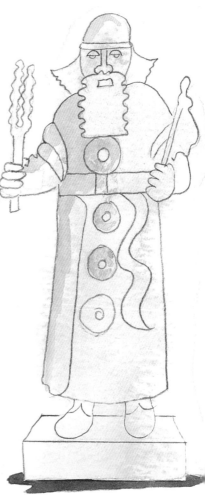

El rey de Babilonia quería que sus líderes adoraran la estatua hecha de oro. Él dijo que ellos iban a oír música. Ahí era cuando ellos se iban a inclinar frente a la estatua. Debían adorarla como si fuera dios. Bien, los tres amigos de Daniel estaban allí también. Pero ellos sabían que estaba mal que ellos adoraran un dios falso. Así que no lo hicieron. Ellos adoraban solamente al Dios del cielo.

¿Por qué los tres amigos de Daniel le dieron la espalda a la estatua?

QUERIDO DIOS, yo te amo así como los amigos de Daniel. Ayúdame a no adorar a nadie más que a ti. En el nombre de Jesús. Amén.

223

8 de agosto

Un rey enojado

Cuando oigan la música, si se postran y adoran la estatua, todo estará bien. Pero si rehúsan... serán arrojados inmediatamente en un horno de fuego ardiente. DANIEL 3:15

Ahora el rey estaba enojado. Él le dio a los amigos de Daniel otra oportunidad para hacer lo que él había dicho. Pero si no obedecían ahora, ellos serían echados en el horno ardiendo. Bueno, ellos no obedecieron al rey. Ellos sabían que era más importante obedecer a Dios y que Él podía guardarlos seguros. ¡Aun cuando Él no lo hiciera, ellos lo obedecerían de todos modos!

¿Por qué estaba bien que desobedecieran al rey?

QUERIDO DIOS, no hay nadie más importante que tú. Enséñame siempre a obedecerte. Amén.

224

9 de agosto

Y entonces habían cuatro

Y llamó a algunos de los hombres más fuertes de su ejército para que ataran a Sadrac, Mesac, y Abednego, y los arrojaran en el fuego. DANIEL 3:20

El rey ahora en verdad estaba furioso. Él le pidió a los soldados que tiraran a los amigos de Daniel en el horno que estaba muy caliente. ¿Cuántos hombres fueron echados al horno? Fueron tres, ¿no? Pero adivina cuántos hombres el rey vio en el horno. ¡Él vio a cuatro! y estaban caminando dando vueltas. Entonces el rey supo que Dios estaba guardando a los tres hombres.

¿Quién guardó seguro a los amigos de Daniel?

QUERIDO DIOS, nadie sino tú pudo guardar salvos a los amigos de Daniel. Ayúdame a confiar en ti así como lo hicieron ellos. Amén.

225

10 de agosto

Un rey alaba a Dios

Entonces Nabucodonosor dijo: Bendito sea el Dios de Sadrac, Mesac y Abednego, pues envió a su ángel para librar a sus siervos. DANIEL 3:28

Cuando los amigos de Daniel salieron del fuego, ¡no estaban heridos! El rey ya no estaba enojado. Sino que empezó a alabar a Dios. ¿Sabes tú qué más hizo? Él hizo una ley nueva. Esta ley decía que nadie podía decir nada malo de Dios. Cualquiera que lo hiciera se buscaba un gran problema.

¿Por qué crees tú que el rey hizo esa nueva ley?

QUERIDO DIOS, gracias por ayudar a los amigos de Daniel a hacer lo correcto. Si ellos no lo hubieran hecho, el rey nunca hubiera podido saber de ti. Amén.

11 de agosto

"¡Yo lo quiero ahora!"

*Un hombre tenía dos hijos.
Un día el menor se le
acercó y le dijo: "Quiero
que me entregues la parte
de los bienes que me
corresponde."*
LUCAS 15:11-12

Cuando Jesús vivía en
la tierra, él dijo una
historia sobre un hijo que
deseaba irse del hogar.
El hijo pensó que gozaría
más si se iba lejos de su
padre y de su hermano mayor. Pero no sólo quería
irse. El quería lo que le pertenecía de todo lo que el padre tenía. El
padre podía quedarse con todo lo
que tenía hasta que muriera. Pero él
dividió todo lo que tenía y dio a
cada hijo su parte.

¿Cómo puedes decir que el hijo menor pensó sólo en él mismo?

QUERIDO DIOS, gracias por todo lo
que mi familia me da. Yo no deseo
irme de mi hogar por mucho
tiempo todavía. Amén.

12 de agosto

Dejando el hogar

Días después el menor empaquetó sus pertenencias y se fue a una tierra lejana, donde malgastó el dinero... LUCAS 15:13

El hijo menor salió de la casa contento para hacer lo que quería. Posiblemente ni siquiera vio las lágrimas en los ojos de su padre. Bien, este joven gozó por un tiempo, pero él no fue sabio al gastar su dinero. No se dio cuenta lo rápido que iba gastando el dinero.

¿Creen ustedes que este joven debió irse del hogar? ¿Por qué? O ¿Por qué no?

QUERIDO DIOS, a veces yo hago cosas que no son muy sabias. Ayúdame a aprender lo que necesito saber de mi familia antes de crecer y salir de mi hogar. Amén.

13 de agosto

Sin dinero

Cuando se le acabó, (el dinero) hubo una gran escasez en aquel país, y el joven comenzó a pasar hambre. LUCAS 15:14

El dinero de este joven se acabó porque lo gastó en cosas que no agradaban a Dios. Y ahora no había suficiente alimento para comer en el país donde él vivía. Así que él encontró trabajo dando de comer a los cerdos. Era trabajo fuerte y sucio. Pero él hizo lo que quería, ¿verdad?

¿Crees tú que las cosas le salieron a ese joven como él pensaba?

QUERIDO DIOS, a veces yo hago cosas que no debo hacer. Yo creo que todo estará bien, pero me meto en problemas. Ayúdame a dejar de hacer eso. En el nombre de Jesús. Amén.

14 de agosto

Comida de cerdos

Tanta era el hambre que tenía, que le habría gustado comerse las algarrobas que comían los cerdos. LUCAS 15:16

El hijo menor en la historia de Jesús tenía mucha hambre. Él hubiera comido la comida de los cerdos, pero nadie se la daba. ¡Qué tiempo difícil fue para él! Tenía que dar de comer a los cerditos para que engordaran. Pero él estaba hambriento. ¿Pasaba él mejor tiempo que cuando vivía en su casa? De ninguna manera.

¿Qué creen ustedes que el hijo menor estaba aprendiendo?

QUERIDO DIOS, enséñame a hablarte de las cosas que yo quiero hacer. Tú puedes guardarme de aprender las cosas en una forma difícil. Gracias, Dios. Amén.

230

15 de agosto

Pensando bien

Iré a mi padre y le diré: `Padre, he pecado contra el cielo y contra ti'. LUCAS 15:18

Al comenzar su viaje de regreso al hogar, el hijo no estaba contento como cuando había salido. Sabía que había hecho mal, pero estaba arrepentido. Él le pediría a Dios que lo perdonara, y también a su padre.

¿Qué pensaba el hijo cuando iba de regreso a su casa?

QUERIDO DIOS, siento mucho las cosas malas que he hecho. Deseo que me perdones, y quiero que mi familia me perdone. En el nombre de Jesús. Amén.

16 de agosto

¡De nuevo en el hogar!

Cuando todavía estaba lejos, el padre lo vio acercarse y, lleno de compasión, corrió, lo abrazó y lo besó. LUCAS 15:20

El hijo menor en la historia de Jesús no había llegado a la casa cuando vio a su padre. ¿Saben ustedes lo que el padre estaba haciendo? ¡Esperando a su hijo! Corrió donde su hijo y le dio un abrazo. El hijo le dijo lo arrepentido que estaba por lo que había hecho. De repente el joven se sintió feliz otra vez. ¡Estaba en la casa y su padre lo amaba todavía!

¿Por qué el joven estaba feliz otra vez?

QUERIDO DIOS, gracias por ser como un padre en la historia de Jesús. Amén.

17 de agosto

Un final feliz

¡Este hijo mío estaba muerto y ha revivido, estaba perdido y apareció! LUCAS 15:24

El padre en la historia de Jesús estaba muy feliz de tener al hijo que faltaba de nuevo en la casa. Él pidió a sus ayudantes que prepararan mucho alimento rico para tener una gran fiesta. ¡El padre estaba tan contento que quería que todos los demás se alegraran con él!

¿Cómo recibió el padre a su hijo en casa?

QUERIDO DIOS, me alegro tanto que tú estás listo para recibirme a mí como el padre en la historia de Jesús. En el nombre de Jesús. Amén.

18 de agosto

La moneda perdida

Entonces Él les refirió esta parábola
diciendo: ¿O qué mujer, si tiene diez
monedas de plata y pierde una moneda...
LUCAS 15:3,8

¿Haz perdido tú algo? ¿Te sientes molesto? Si era un juguete favorito o un regalo de alguien, probablemente te sentiste muy mal.

Jesús dijo una historia acerca de una mujer que se casó y recibió un regalo de diez monedas de plata. Ella se sintió mal cuando perdió una de esas monedas especiales. Así se siente Dios si tú no lo amas. Él se siente como que perdió el regalo de tu amor.

¿Cómo se siente uno al perder algo especial?

QUERIDO DIOS, me alegro que yo soy especial para ti y que tú no quieres perder el regalo de mi amor. Amén.

234

19 de agosto

La búsqueda sigue

¿No enciende una lámpara y barre la casa y busca con cuidado hasta hallarla? LUCAS 15:8 (B.d.l.A.)

No había luz eléctrica en los tiempos bíblicos. Así que la mujer que perdió la moneda necesitaba encender una lámpara así como nosotros encendemos las velas. Ella barrería el piso y seguiría mirando hasta que encontrara la moneda. Así es como Dios continúa buscándonos cuando nos olvidamos de Él.

¿Dejaría la mujer que perdió la moneda de continuar buscándola?

QUERIDO DIOS, gracias por cuidar de mí más que la mujer que se preocupa por buscar la moneda perdida. Amén.

235

20 de agosto

Gozo en el cielo

Cuando la encuentra, reúne a las amigas y vecinas, diciendo: "Alegraos conmigo..." LUCAS 15:9 (B.d.I.A.)

La mujer que encontró su moneda lo dice a sus amigas para que ellas puedan alegrarse también. Jesús dijo que hay un tiempo cuando así será en el cielo. Todos los ángeles son felices junto con Dios. ¿Cuándo pasa eso? Es cuando alguien que haya hecho cosas malas cambia la manera en que él o ella vive. La persona deja de hacer cosas malas y comienza a amar a Dios.

¿Qué hace a Dios y a todos sus ángeles felices?

QUERIDO JESÚS, gracias por decir la historia de la moneda perdida. Me gusta saber lo que hace a todos felices en el cielo. Amén.

21 de agosto

Un mensaje para Jesús

Las hermanas entonces mandaron a decir a Jesús: Señor, mira, el que tú amas está enfermo. JUAN 11:3 (B.d.l.A.)

María y Marta vivían en Betania con su hermano Lázaro. A Jesús le gustaba visitarlos, ellos eran buenos amigos. Cuando Lázaro se enfermó de gravedad, las dos hermanas querían que Jesús lo supiera. Ellas estaban seguras que Él vendría enseguida para ayudar a su hermanos. Así que le enviaron un mensaje con alguien.

¿Qué quería María y Marta que Jesús hiciera?

QUERIDO JESÚS, cada vez que yo sepa de alguien que está enfermo, ayúdame a recordar decírtelo a ti. Amén.

22 de agosto

Una razón para esperar

Cuando oyó, pues, que Lázaro estaba enfermo, entonces se quedó dos días más en el lugar donde estaba ...
Entonces Jesús, por eso, les dijo claramente: Lázaro ha muerto; y por causa de vosotros me alegro de no haber estado allí, para que creáis; pero vamos a donde está él.
JUAN 11:6, 14-15 (B.d.l.A.)

Jesús quería ir donde su amigo aunque él había muerto. ¿Por qué? Porque Jesús sabía que todavía podía ayudarle. Y quería que todos vieran lo que Él podía hacer. Eso enseñaría a la gente quién era Él. Después de todo, nadie sino el Hijo de Dios podía ayudar a alguien que había muerto.

¿Por qué Jesús no fue a ver a Lázaro inmediatamente?

QUERIDO JESÚS, a veces yo tengo que esperar por una respuesta a mis oraciones. Ayúdame a creer que tú siempre tienes una buena razón para hacerme esperar. Amén.

23 de agosto

Finalmente Jesús viene

Jesús le dijo: Yo soy la resurrección y la vida; el que cree en mí, aunque muera, vivirá.
JUAN 11:25 (B.d.I.A.)

Lázaro hacía ya cuatro días que había muerto. Marta salió a recibir a Jesús. Ella le dijo que si Él hubiera estado allí, su hermano no hubiera muerto. Jesús le dijo que Lázaro viviría otra vez. Marta creía que eso sería verdad en el cielo algún día. Pero no todos creían eso. Así que Jesús estaba listo para hacer algo muy especial para ayudarla a creer.

¿Qué le dijo Jesús a Marta acerca de su hermano?

QUERIDO JESÚS, gracias que yo puedo creer en ti y vivir en el cielo contigo después que yo muera. Amén.

24 de agosto

Jesús llora con sus amigos

Y cuando Jesús la vio llorando...se conmovió profundamente en el espíritu, y se entristeció.
JUAN 11:33 (B.d.l.A.)

Marta regresó a buscar a su hermana, María. Cuando María salió y fue donde Jesús estaba, Él vio que ella lloraba. Las otras personas que estaban con ella lloraban también. Sus lágrimas lo entristecieron. Y cuando lo llevaron al lugar donde su amigo Lázaro estaba enterrado, Jesús también lloró. Jesús lloró mucho por sus amigos, ¿verdad?

¿Cómo se sintió Jesús cuando vio lo triste que María y sus amigos estaban?

QUERIDO JESÚS, gracias por entender cómo yo me siento. Gracias por saber lo que es sentirse triste. Amén.

25 de agosto

¡Vivo de nuevo!

Habiendo dicho esto, gritó con fuerte voz: ¡Lázaro, ven fuera! Y el que había muerto salió...
JUAN 11:43-44 (B.d.l.A.)

Lázaro había estado muerto por cuatro días. Pero cuando Jesús llamó su nombre, ¡él salió de la cueva donde lo habían enterrado! Él estaba envuelto en tela, así que Jesús le dijo a la gente que le quitaran la envoltura. ¡Qué momento tan emocionante tiene que haber sido aquel! Muchos creyeron entonces que Jesús era el Hijo de Dios. Esto pasó poco antes que Jesús muriera y viviera otra vez.

¿Por qué mucha gente creyó en Jesús?

QUERIDO JESÚS, gracias por tu poder y tu amor. Gracias por ayudar a la gente creer en ti. Amén.

26 de agosto

Lleno de gozo

Hasta ahora nada habéis pedido en mi nombre; pedid y recibiréis, para que vuestro gozo sea completo.
JUAN 16:24 (B.d.l.A.)

¿Alguna vez has oído a alguien decir: "Sólo menciona mi nombre"? Tal vez tu mamá tenía un amigo que trabajaba en ventas de autos. Cuando ella mencionó el nombre de su amigo, él le ayudó a conseguir un buen carro. Bueno, nosotros conocemos un nombre muy especial - ¡Jesús! Nosotros terminamos nuestras oraciones diciendo: "En el nombre de Jesús. Amén". ¡Dios nos da las cosas que Jesús quiere que tengamos, y somos felices, y estamos llenos de gozo!

¿Por qué debes orar en el nombre de Jesús?

QUERIDO DIOS, gracias por dejarme usar el nombre de Jesús cuando hablo contigo. Por favor, dame todo lo que necesito para hoy. Oro en el nombre de Jesús. Amén.

27 de agosto

Cuerpos nuevos

*Nuestros cuerpos terrenales...
son diferentes de los cuerpos
que tendremos cuando
resucitemos, porque éstos
no morirán jamás.*
1 CORINTIOS 15:42

Piensa en algunas cosas que tú sabes acerca de tu cuerpo: está creciendo; necesita alimento; se cansa; a veces se duele o se enferma. Si tú crees en el Hijo de Dios, Jesús, ¡Dios promete darte un cuerpo nuevo! Probablemente falta mucho tiempo para que lo tengas. Pero algún día vas a vivir con Jesús y vas a tener un cuerpo nuevo. Nunca se cansará o enfermará, y nunca morirá, ¡durará para siempre!

¿Cómo tu cuerpo nuevo será diferente del que tienes ahora?

QUERIDO DIOS, gracias por el cuerpo que tengo ahora. ¡Y gracias por el que será aun mejor! En el nombre de Jesús. Amén.

28 de agosto

Un regalo que nos salva

Es por su gracia mediante la fe en Cristo que son ustedes salvos, y no por nada que hayan hecho. La salvación es un don de Dios.
EFESIOS 2:8

Cuando vas a nadar, nunca deseas ir solo. La Biblia habla acerca de otra manera en que todos necesitamos ser salvos. Necesitamos ser salvos de nuestros pecados. Los pecados son las cosas malas que hacemos. Nosotros no podemos salvarnos a nosotros mismos, ¡pero Dios quiere salvarnos! Él nos ayuda a confiar en su Hijo Jesús. ¡Qué regalo maravilloso de Dios!

¿Cómo ayuda Dios a salvarte de tus pecados?

QUERIDO DIOS, gracias por darme tu paz cuando confío en Jesús. En su nombre. Amén.

29 de agosto

La paz de Dios

Haciendo esto sabrán ustedes lo que es la paz de Dios, la cual es tan extraordinariamente maravillosa que la mente humana no podrá jamás entenderla. FILIPENSES 4:7

Quizás has oído a tu mamá decir: "Yo quisiera un poquito de paz y quietud, por favor". Eso significa que no desea que su familia se pelee o se hieran con palabras rudas ¡o que no molestemos al gato!

Dios nos da a nosotros Su paz cuando confiamos en Su Hijo, Jesús. Si mantenemos los pensamientos en Jesús no tenemos que preocuparnos. Sentimos paz interior, ¡aunque no comprendamos cómo esto puede ser tan bueno para todos!

¿Cómo podemos tener la paz de Dios?

QUERIDO DIOS, gracias por darme tu paz cuando yo confío en Jesús. En su nombre. Amén.

30 de agosto

Un regalo para Jesús

Padre, quiero que los que me has dado, estén también conmigo donde yo estoy, para que vean mi gloria.
JUAN 17:24 (B.d.l.A.)

Dios te da todas las cosas que tú necesitas. Él te da tu familia y amigos. Él te da paz y su amor. ¿Pero sabes tú que Dios le dio regalos a su Hijo, Jesús también? Si amas a Jesús, ¡tú eres un regalo de Dios para su Hijo! Jesús está muy contento de tener el regalo de tu amor. Algún día lo verás sentado en el trono en el cielo. Verás lo maravilloso que Él es, y te dejará estar siempre con Él.

¿Cómo puedes ser tú un regalo de Dios para Jesús?

QUERIDO JESÚS, te amo. Yo quiero verte en tu trono en el cielo algún día. En tu nombre oro. Amén.

31 de agosto

El ayudante viene

*Pero el Consolador, el Espíritu Santo, a quien el
Padre enviará en mi nombre, Él os enseñará
todas las cosas, y os recordará todo lo que os
he dicho.* JUAN 14:26 (B.d.l.A.)

Cuando Jesús estaba en la tierra, habló de un ayudante.
Jesús dijo que Él iba a enviar el ayudante como un regalo.
Este ayudante ya vino en el nombre de Jesús. Eso quiere decir
que Él vino para ayudarnos tal como Jesús lo haría si todavía
estuviera aquí. El Ayudante es el Espíritu Santo. Así como Jesús es
Dios, el Espíritu Santo es Dios. Él te enseña todo lo que Dios quiere
que tú sepas.

¿Quién es el Ayudante que Dios envió?

QUERIDO DIOS, gracias por el Espíritu Santo, que me enseña
acerca de ti. Amén.

1 de septiembre

¡Tú eres maravilloso, Dios!

¿Por qué te abates, alma mía, y por qué te turbas dentro de mí? Espera en Dios, pues he de alabarle otra vez por la salvación de su presencia. SALMO 42:5 (B.d.l.A.)

Cuando las cosas están malas, puedes sentirte triste y molesto. Tal vez sólo puedes pensar en ti mismo. ¿Pero qué si piensas en Dios en vez de ti? Podrías alabarlo diciéndole que tú sabes lo grande que Él es. Podrías decirle que tú sabes que Él te puede ayudar. Y podrías cantar cantos de alabanza a Él. Pronto no te sentirías tan triste y molesto.

¿Cuáles son algunas formas de alabar a Dios? ¿Por qué debes alabarlo?

QUERIDO DIOS, te alabo por ser tan maravilloso. Te alabo porque siempre puedes ayudarme. Amén.

2 de septiembre

Mañana y noche

Bueno es dar gracias al Señor, y cantar alabanzas a tu nombre, oh Altísimo; anunciar por la mañana tu bondad, y tu fidelidad por las noches. SALMO 92:1-2 (B.d.I.A.)

¿Sabías tú que puedes alabar a Dios cuando estás solo? Un buen lugar para alabarlo es en tu misma cama. Puedes decirle a Dios que Él es maravilloso. Tú querrás alabarlo por su amor. Y puedes alabarlo por ser fiel a ti; por siempre estar contigo y oyendo tus oraciones. La Biblia dice que es bueno alabar a Dios, y puedes hacerlo en cualquier hora del día.

¿Cuándo puedes alabar a Dios?

QUERIDO DIOS, me alegro que puedo alabarte todo el tiempo, aun cuando estoy solo en la cama. En el nombre de Jesús. Amén.

3 de septiembre

Alabanza de ángeles

(Ángeles) que decían a gran voz:
El Cordero que fue inmolado digno es de recibir
el poder, las riquezas... la gloria y la alabanza.
APOCALIPSIS 5:12 (B.d.I.A.)

¿Es solamente la gente que alaba a Dios? ¡No! Los ángeles también lo alaban. ¿Solo es Dios el Padre lo suficiente bueno para recibir alabanza? ¡No! Jesús quien es el Hijo de Dios, merece ser honrado, darle atención especial por ser quien es, y alabarlo. ¡Cuando tú alabas a Jesús, estás adorándolo también junto con los ángeles!

¿Qué los ángeles y tú pueden hacer juntos?

QUERIDO JESÚS, ¡tú eres glorioso! Tú eres el Hijo de Dios, y tú me amas. Yo te alabo por eso. Amén.

4 de septiembre

Alaba al Rey

Porque Dios es Rey de toda la tierra; cantad alabanzas con armonioso salmo.
SALMO 47:7 (B.d.l.A.)

¿Te gusta pintar cuadros del mundo que Dios hizo? Hay muchas cosas que pintar, ¿verdad? Después que Dios hizo el mundo, Él pudo haberse ido y no volver aquí. Pero no lo hizo. Él se quedó como el rey que gobierna "toda la tierra". ¡Él está a cargo de todo! Esa es una buena razón para alabarlo.

¿De qué está a cargo Dios?

QUERIDO DIOS, yo te alabo por todas las cosas que hiciste. ¡Te alabo porque estás a cargo de todo! Amén.

5 de septiembre

Comiendo y alabando

Día tras día continuaban unánimes en el templo y partiendo el pan en los hogares, comían juntos con alegría .... alabando a Dios y hallando favor con todo el pueblo. HECHOS 2:46-47 (B.d.l.A.)

La gente que cree en Jesús son llamados "creyentes". Algunos de los primeros creyentes se reunían en sus casas. A ellos les gustaba comer juntos y compartir su alimento. También les gustaba alabar a Dios juntos. Sus vecinos veían lo felices que eran y lo mucho que amaban a Dios. Los vecinos los amaban.

¿Por qué los vecinos amaban a la gente que creía en Jesús?

QUERIDO DIOS, yo quiero alabarte con otros creyentes. Y quiero que mis vecinos vean lo mucho que yo te amo. En el nombre de Jesús. Amén.

6 de septiembre

Alabando a Dios con música

¡Aleluya! Alabad a Dios en su santuario... Alabadle con sonido de trompeta... Alabadle con címbalos sonoros. SALMO 150:1,3,5 (B.d.l.A.)

Cuando tú oyes música, ¿te gusta aplaudir? ¿Te gusta danzar al compás de la música? ¿Te gusta tocar un instrumento musical o cantar? La música nos hace sentir felices, ¿no es cierto? Cuando alabamos a Dios con música, Él también se siente alegre. Tú puedes cantar y tocar cantos acerca de Dios en la iglesia. ¡También lo puedes hacer en casa!

¿Qué alabanzas favoritas puedes cantar para Dios ahora mismo?

QUERIDO DIOS, gracias por cantos e instrumentos musicales que me ayudan a alabarte. Amén.

7 de septiembre

Cantos en la Iglesia

*Servid al Señor con alegría; venid ante Él con cánticos de júbilo...
Entrad por sus puertas con acción de gracias.* SALMO 100:2,4
(B.d.I.A.)

En los tiempos bíblicos la gente iba a un hermoso edificio llamado "el templo". Se reunían fuera en el patio para adorar a Dios. La Biblia dice que allí ellos cantaban cantos de alabanza. Aunque no podían ver a Dios, era como si ellos estuviesen parados frente a Él. ¡Y así es cuando nosotros vamos a la iglesia!

¿Qué debes hacer tú con tus amigos en la iglesia?

QUERIDO DIOS, me gusta cantarte cantos de alabanza con mis amigos en la iglesia. En el nombre de Jesús. Amén.

8 de septiembre

Cantando en la cárcel

Y después de darles muchos azotes, los echaron en la cárcel...Como a medianoche, Pablo y Silas oraban y cantaban himnos a Dios. HECHOS 16:23,25 (B.d.l.A.)

Algunas personas pusieron a Pablo y a Silas en la cárcel porque estaban enseñando a otros acerca de Jesús. Ellos pudieron llorar o quejarse, pero no lo hicieron. ¡A medianoche ellos estaban orando y cantando a Dios! Entonces hubo un temblor de tierra. El hombre encargado de la prisión estaba contento pues Pablo y Silas no huyeron. Ellos ayudaron a que él y su familia aprendieran acerca de Jesús.

¿Dónde Pablo y Silas alabaron a Dios?

QUERIDO DIOS, ayúdame a alabarte cuando me siento mal o molesto. Amén.

255

9 de septiembre

Tiempos difíciles

*Aunque los olivos no produzcan, y los
campos permanezcan estériles; aun cuando el ganado
muera en el campo... yo me regocijaré en el Señor...
El Señor Dios es mi fortaleza.* HABACUC 3:17-19.

No habían nuevos frutos para comer ni vacas que dieran
leche. Pero Habacuc todavía estaba alabando a Dios por su
fortaleza. Los niños tienen tiempos difíciles también. Uno no tiene
dinero. Otros gritan con dolor. Tú rompes un juguete. Un amigo se
enferma. Cuando estas cosas pasan, aun tú puedes alabar a Dios
por la fortaleza que Él te da.

**¿Qué puedes decirle a Dios cuando estás teniendo
dificultades?**

QUERIDO DIOS, te alabo por perdonarme y darme fuerzas cuando
tengo dificultades. Amén.

256

10 de septiembre

Un cántico nuevo

Cantad al Señor un cántico nuevo... Decid entre las naciones. El Señor reina.
SALMO 96:1,10 (B.d.I.A.)

Cuando David era un niño pastor, él escribió cánticos para Dios. Luego David creció y llegó a ser rey, y él escribió y cantó nuevos cánticos de alabanza. El rey David era una persona importante. Él era el líder de toda la nación. Otras naciones tenían reyes también. ¡Pero David dijo que dijeran a todas las naciones que Dios es el más importante de los reyes!

¿Qué palabras puedes usar para componer un canto acerca de Dios?

QUERIDO DIOS, gracias por ser el Rey de toda la gente del mundo. Amén.

11 de septiembre

Alabanza quieta

Cantando y alabando con vuestro corazón al Señor. EFESIOS 5:19 (B.d.l.A.)

¿Cuáles son algunas de las cosas que tú puedes hacer cuando no puedes hablar alto? ¿Puedes tener pensamientos alegres? ¿Puedes hablar en silencio a Dios en tu mente? ¿Puedes recordar un tiempo alegre que tuviste? Seguramente que puedes. ¡También puedes cantar a Jesús! Cuando piensas en las palabras y en la música de un canto de alabanza, estás haciendo música en tu corazón. Trata de hacer eso la próxima vez que tengas que esperar en una fila.

¿En qué canción puedes pensar cuando deseas hacer música en tu corazón?

QUERIDO DIOS, gracias por escuchar mis cantos de alabanza aun cuando no puedo cantar en alta voz. Amén.

12 de septiembre

Un cántico alegre

Esta fue la oración de Ana: ¡Cuánto me ha bendecido!...¡Cuánto se goza mi corazón! 1 SAMUEL 2:1

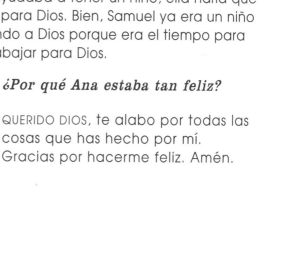

¡Ana estaba tan contenta que tenía que hablar con Dios! Después de todo, Él era el que la había hecho feliz. Ella había orado por un hijo, y Dios la ayudó a tener el niño Samuel. Ana había dicho que si Dios la ayudaba a tener un niño, ella haría que él trabajara todo el tiempo para Dios. Bien, Samuel ya era un niño grande. Ana estaba alabando a Dios porque era el tiempo para que su hijo comenzara a trabajar para Dios.

¿Por qué Ana estaba tan feliz?

QUERIDO DIOS, te alabo por todas las cosas que has hecho por mí. Gracias por hacerme feliz. Amén.

13 de septiembre

Muy bajo para ver

(Zaqueo) trataba de ver a Jesús. LUCAS 19:3

¿Has tratado tú de ver un desfile? Eso puede ser difícil cuando hay mucha gente alrededor. Bien Zaqueo era un hombre que quería ver a Jesús al pasar por la ciudad. Pero Zaqueo era más bajo que muchos de los hombres. Así que él tenía que pensar en una forma de poder ver a Jesús. Y lo hizo: ¡él se subió a un árbol!

¿Era importante para Zaqueo ver a Jesús? ¿Cómo lo sabes?

QUERIDO JESÚS, tú estás en el cielo ahora, así que no puedo verte. Pero yo quiero saber todo acerca de ti. Ayúdame a encontrar muchas formas para hacer eso. Amén.

260

14 de septiembre

Una visita muy especial

Cuando Jesús pasaba miró a Zaqueo ¡y lo llamó por su nombre! "Zaqueo" le dijo, baja enseguida. Deseo hospedarme en tu casa.
LUCAS 19:5

¡Oh! Qué sorpresa para Zaqueo. Él encontró un lugar donde podía ver a Jesús. ¡Pero lo que él no se imaginaba era que Jesús lo pudiera ver a él! Y él ciertamente no esperaba que Jesús viniera a su casa! Pero cuando Jesús le dijo a Zaqueo que se apurara a bajar, eso fue lo que el hombrecito hizo.

¿Cómo Jesús sorprendió a Zaqueo?

QUERIDO JESÚS, yo siento como que tú has venido a quedarte en mi casa también. Eso es porque puedo hablar contigo en cualquier momento. ¡Eso me gusta! Amén.

261

15 de septiembre

Jesús y un pecador

Esto no agradó al gentío. "¡Se fue a casa de ese sinvergüenza!" murmuraban. LUCAS 19:7

La gente sabía que Zaqueo había hecho cosas malas. Él les mintió y les robó dinero. Su trabajo era cobrar el dinero de los impuestos, pero pedía más dinero que el que debía pedir. Y lo guardaba para él. Eso enojó a la gente. Ellos llamaban a Zaqueo un pecador. Pero Jesús sabía acerca de los pecados del hombrecito. De hecho Jesús dijo que Él vino a ayudar a gente como Zaqueo.

Jesús sabía cómo era Zaqueo, así que ¿por qué se fue a la casa con él?

QUERIDO JESÚS, yo me alegro que tú me amas aun cuando yo hago cosas malas. Por favor ayúdame a hacer lo que es bueno. Amén.

16 de septiembre

¡Realmente lo siento!

"Señor, daré la mitad de mis bienes a los pobres, y si a alguien le he cobrado de más, le devolveré cuatro veces lo que le robé." LUCAS 19:8

Alguna gente es tan buena que cuando estamos con ellos, sólo queremos hacer cosas buenas. Tal vez tu abuelo o tu maestra de Escuela Bíblica es así. Pero nadie es tan bueno como Jesús. Así que cuando Él fue a la casa con Zaqueo, ¡el hombrecito quería dejar de hacer las cosas malas enseguida! Él se arrepintió de sus pecados. Y lo mostró diciéndole a Jesús acerca de las cosas buenas que iba a hacer.

¿Cómo ayudó Jesús a Zaqueo?

QUERIDO JESÚS, gracias por ser tan bueno y por ayudarme a querer ser bueno también.

17 de septiembre

Dando gracias

Dad gracias al Señor porque Él es bueno, porque para siempre es su misericordia.
SALMO 136:1 (B.d.I.A.)

¿Le has dado un regalo a un amigo? Tal vez recogiste flores o nueces o fresas y las compartiste. Pensaste que a tu amiga le iba a gustar el regalo e iba a decir gracias. Pero en vez de eso, tu amiga agarró el regalo y salió corriendo sin darte las gracias. ¿Sabes que eso es lo que a veces hacemos con Dios? Dios es tan bueno con nosotros. Él nos da su amor, pero no siempre le damos las gracias.

¿Qué te da Dios? ¿Qué tú le debes dar?

QUERIDO DIOS, tú eres muy bueno conmigo. Así que yo quiero darte las gracias. En el nombre de Jesús. Amén.

18 de septiembre

Dando en amor

(Jesús) dijo: En verdad os digo, que esta viuda tan pobre echó más que todos ellos. LUCAS 21:3 (B.d.l.A.)

Jesús vio alguna gente rica dar dinero para el trabajo de Dios. Ellos dieron mucho, pero aún les quedaba mucho. Entonces Él vio a una pobre mujer dar dos moneditas pequeñas. Jesús dijo que ella había dado más que la gente rica. Ella mostró su amor por Dios dando todo lo que tenía.

Qué es más importante ¿cuánto dinero das para la obra de Dios o cuánto amor le das a Dios?

QUERIDO DIOS, te daré una ofrenda lo más grande que pueda. Pero más que todo, te daré mi amor. Amén.

19 de septiembre

Deseando dar

Porque si hay buena voluntad, se acepta según lo que se tiene, no según lo que no se tiene. 2 CORINTIOS 8:12 (B.d.l.A.)

¿Tienes tú mucho dinero? ¡Probablemente no! Dios no espera que le des nada que tú no tienes. Lo importante para Él es que tú quieres darle de lo que tienes. Estas son algunas cosas que tú quieres hacer con tu dinero. Ayudar a los pobres. Comprar cosas para tu iglesia. Ayudar a misioneros para sus viajes muy lejos para enseñar a la gente acerca de Jesús.

¿Qué es importante para Dios acerca de la manera que tú das?

QUERIDO DIOS, por favor, enséñame cómo puedo usar algo de mi dinero para tu trabajo. En el nombre de Jesús. Amén.

20 de septiembre

¡No digas!

*Pero tú, cuando des limosna,
que no sepa tu mano izquierda
lo que hace tu derecha. para
que tu limosna sea en secreto;
y tu Padre, que ve en lo
secreto, te recompensará.*
MATEO 6:3-4 (B.d.I.A.)

¿Haces tú alguna cosa buena sin decirlo a nadie? Eso sería un buen secreto. Jesús nos dice que guardemos en secreto cuando damos dinero a gente pobre. Eso no quiere decir que no se lo puedes decir a tu familia. Tú no necesitas decirlo a nadie más. Dios sabrá de todos modos y hará cosas buenas para ti.

¿Por qué dar dinero para los pobres es un buen secreto?

QUERIDO DIOS,
cuando yo hago
cosas buenas,
ayúdame a no
lucirme diciéndolo
a todo el mundo.
Amén.

21 de septiembre

Abundancia para todos

Y Dios puede hacer que toda gracia abunde para vosotros, a fin de que teniendo siempre todo lo suficiente en todas las cosas, abundéis para toda buena obra. 2 CORINTIOS 9:8 (B.d.l.A.)

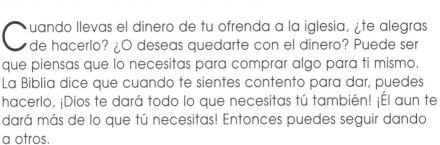

Cuando llevas el dinero de tu ofrenda a la iglesia, ¿te alegras de hacerlo? ¿O deseas quedarte con el dinero? Puede ser que piensas que lo necesitas para comprar algo para ti mismo. La Biblia dice que cuando te sientes contento para dar, puedes hacerlo, ¡Dios te dará todo lo que necesitas tú también! ¡Él aun te dará más de lo que tú necesitas! Entonces puedes seguir dando a otros.

¿Qué hace Dios para ti cuando tú das para otros?

QUERIDO DIOS, gracias por ayudarme a mí a tener todo lo que necesito cuando ayudo a otros a tener lo que necesitan. Amén.

22 de septiembre

Una razón para esperar

Tú has coronado el año con tus bienes... Destilan los pastos del desierto, y los collados se ciñen de alegría. SALMO 65:11,13 (B.d.l.A.)

Todos los días Dios manda el sol y la lluvia para ayudar a los agricultores a que sus plantas crezcan. En el otoño los agricultores llenan sus vagones del fruto. Ellos llevan el grano a lugares donde es convertido en alimento. Dios también da a los agricultores pastos de hierba verde. Ellos pueden alimentar sus animales allí. ¡Las cosas vivientes están tan felices que parecen gritar y cantar!

¿Por qué todos desean gritar y cantar en el otoño?

¡GRACIAS, GRACIAS, GRACIAS, DIOS! ¡Me alegro que tú haces crecer las siembras de los agricultores para yo tener alimento para comer! Gracias por los animales en el pasto también. Amén.

23 de septiembre

¡Vengan a la boda!

Al tercer día se celebró una boda en Caná de Galilea, y estaba allí la madre de Jesús; y también Jesús fue invitado, con sus discípulos, a la boda. JUAN 2:1-2 (B.d.I.A.)

¿Sabes tú lo que pasa en una boda? ¡Una mujer y un hombre se casan! Estas dos personas desean ser una familia. Así que los amigos vienen a la boda. Todos están felices y tienen un tiempo bueno. Jesús, su madre y sus amigos todos fueron a la boda.

¿Te gusta mirar algunas fotos de boda? Tal vez tus padres te pueden enseñar retratos de su boda.

QUERIDO DIOS, gracias por bodas felices, cuando dos personas se unen en una familia. En el nombre de Jesús. Amén.

24 de septiembre

¡Jesús por favor, ayuda!

Cuando se acabó el vino, la madre de Jesús le dijo: No tienen vino. JUAN 2:3 (B.d.l.A.)

¡En los tiempos de la Biblia las bodas duraban a veces toda una semana! Los invitados a la boda comían y bebían y tenían buen tiempo. La familia que invitaba a todos tenía que estar segura que había suficiente comida y bebida. Pero a la boda que Jesús fue, a la familia se le acabó el vino. Así que no había nada para beber, sólo agua. La madre de Jesús se sintió mal por ellos, así que se lo dijo a Jesús. Ella sabía que Jesús podía ayudarlo.

¿De qué problema María le habló a Jesús?

QUERIDO JESÚS, gracias por dejarme venir a ti con mis problemas. Amén.

271

25 de septiembre

El tiempo correcto

Y Jesús le dijo: Mujer, ¿qué nos va a ti y a mí en esto? Todavía no ha llegado mi hora.
JUAN 2:4 (B.d.l.A.)

María sabía que Jesús no era solamente su hijo. Ella sabía que Dios lo envió. Pero la otra gente todavía no lo sabían. Jesús no había hecho ningún milagro. Él no había hecho cosas especiales que solamente el Hijo de Dios podía hacer. Ahora la madre quería que Él ayudara a la familia a tener más vino para los invitados a la boda. Pero Jesús no estaba listo todavía para que la gente supiera quién era Él.

¿Por qué la gente no sabía aún quién era Jesús?

QUERIDO JESÚS, gracias por saber el tiempo correcto para todo. Amén.

272

26 de septiembre

Hagan lo que Él diga

*Su madre dijo a los que servían:
Haced todo lo que Él os diga.*
JUAN 2:5 (B.d.I.A.)

María sabía que no importara lo que Jesús dijera, Él ayudaría en alguna forma. Así que ella habló a los sirvientes.
Ellos trabajaban para la familia que invitó a todos a la boda. María le dijo a los sirvientes que hicieran lo que dijera Jesús. Así que cuando Jesús les dijo que llenaran las tinajas de agua, ellos lo hicieron.
Cuando Él dijo que lo dieran al hombre encargado de la fiesta, ellos lo hicieron.

¿Qué les dijo Jesús a los sirvientes que hicieran? ¿Lo hicieron ellos?

QUERIDO JESÚS, yo sé que tú me dices en la Biblia sobre las cosas que tú quieres que yo haga. Ayúdame a hacer lo que tú quieres. Amén.

273

27 de septiembre

El primer milagro

Entonces les dijo: Sacad ahora un poco y llevadlo al maestresala. Y se lo llevaron. JUAN 2:8 (B.d.l.A.)

¿Alguna vez has tomado algo que tú pensabas que era jugo pero no era? ¡Sorpresa! Cuando los sirvientes sirvieron de las tinajas, ellos pensaron que estaban sirviendo agua. Después de todo, eso era lo que ellos habían puesto en las tinajas. ¡Sorpresa! Jesús había hecho un milagro —¡el primero! El hombre a cargo le gustó el vino. Pero solamente los sirvientes sabían lo que Jesús había hecho.

¿Cuál fue el primer milagro que Jesús hizo?

QUERIDO JESÚS, gracias por dejarme aprender acerca de tu primer milagro. ¡Tú puedes hacer cualquier cosa! Amén.

28 de septiembre

El mejor para lo último

Cuando el maestresala probó el agua convertida en vino... llamó al novio, y le dijo: Todo hombre sirve primero el vino bueno...pero tú has guardado hasta ahora el vino bueno. JUAN 2:9-10 (B.d.I.A.)

Un hombre que se casa se le llama el "novio". A la boda que Jesús fue, el hombre encargado tenía un buen mensaje para el novio. ¡Él dijo que el vino nuevo era aun mejor que el vino que se había servido primero! Ninguno de los hombres sabían que Jesús había cambiado el agua en buen vino.

¿Por qué el vino nuevo era tan bueno?

QUERIDO JESÚS, gracias por hacer todo tan bien. ¡Todo lo que tú haces es lo mejor!

29 de septiembre

Poder para ayudar

Este principio de sus señales hizo Jesús en Caná de Galilea, y manifestó su gloria, y sus discípulos creyeron en Él.
JUAN 2:11 (B.d.l.A.)

¡Qué boda tan especial! No sólo todos pasaron buen tiempo, sino que los amigos de Jesús supieron quién era Él. Ellos sabían que sólo el poder de Dios podía cambiar el agua en vino. Jesús, el Hijo de Dios, tenía ese poder. Él podía hacer milagros, y lo hizo para ayudar a la gente. Él ayudó a una familia a tener muy buen vino para los invitados a la boda. Y ayudó a sus amigos a creer en Él.

¿Qué pasó por el milagro que Jesús hizo?

QUERIDO JESÚS, gracias por el poder que tú tienes para hacer cosas que nadie más puede hacer. Gracias por usar tu poder para ayudar a la gente. Amén.

30 de septiembre

Todo nuevo

De modo que si alguno está en Cristo, nueva criatura es; las cosas viejas pasaron; he aquí, son hechas nuevas. 2 CORINTIOS 5:17 (B.d.I.A.)

Jesús le dijo a algunos sirvientes que pusieran agua en vasijas especiales. ¿Qué hizo Dios al agua dentro de las vasijas? ¡Él la cambió en vino!

Jesús quiere cambiarte a ti por dentro también. Cuando tú aprendes a amarlo y a confiar en Él, ¡te vuelves bueno y nuevo por dentro! Estás feliz, y te sientes como que quieres hacer cosas buenas.

¿Cómo puedes llegar a ser una nueva persona dentro de ti?

QUERIDO DIOS, gracias por enviar a Jesús para hacerme una persona nueva y mejor. Gracias por la manera que tú me ayudas a hacer lo recto. En el nombre de Jesús. Amén.

1 de octubre

¡No te detengas ahora!

Y no nos cansemos de hacer el bien, pues a su tiempo, si no nos cansamos, segaremos....hagamos bien a todos, según tengamos oportunidad. GÁLATAS 6:9-10 (B.d.I.A.)

¿Arreglas tu cama, cuelgas tu ropa, pones la mesa, y guardas tus juguetes todos los días? Esas son cosas buenas que puedes hacer. Así que no debes cansarte de hacerlas. La Biblia dice que siempre que puedas, debes ayudar a otros. ¡Eso incluye a todas las personas en tu familia!

¿Cuáles son algunas formas de tu ayudar en tu hogar?

QUERIDO DIOS, cuando me canse de hacer cosas buenas, ayúdame a recordar que tú quieres que yo lo siga haciendo siempre que pueda. En el nombre de Jesús. Amén.

278

2 de octubre

Complaciendo a todos

*Y Jesús crecía en sabiduría, en
estatura y en gracia para con Dios y
los hombres.* LUCAS 2:52 (B.d.I.A.)

Cuando Jesús era niño, ¡Él aprendió
muchas cosas nuevas, así como tú!
Quizá su madre María, lo ayudó a
barrer el piso y a jugar con otros niños.
Probablemente José lo ayudó a aprender a hacer cosas de madera. ¡Jesús
creció también como tú! Sus vecinos
lo querían y Dios su Padre en el cielo,
estaba contento con Él.

***Cuando Jesús era un niño, ¿en qué
formas era como tú?***

QUERIDO DIOS, yo quiero
agradarte como lo hizo
Jesús. En su nombre.
Amén.

3 de octubre

Escuchando

Escucha a tu padre y a tu madre. PROVERBIOS 1:8

¿Has estado tan ocupado jugando o viendo televisión que no oiste lo que tu mamá o tu papá dijo? Dios quiere que escuches a tus padres. Él le ha dado la responsabilidad de enseñarte las cosas que ellos saben. Quizá tu papá te enseñó cómo hacer lo mejor, cómo portarte con tus amigos, y cómo obedecer a Dios. Cada vez que estés con tu papá, escúchalo con cuidado. ¡Puede que él te esté enseñando algo que Dios quiere que tú sepas!

¿Cuándo debes escuchar a tu papá? ¿Qué cosas ya has aprendido de él?

QUERIDO DIOS, gracias por mi papá. Ayúdame a escucharlo, especialmente cuando me enseña sobre ti. Amén.

280

4 de octubre

Recordando

Lo que de ellos aprendas te dará buena fama. PROVERBIOS 1:8

"No toques la estufa caliente". "Cúbrete la boca cuando estornudas". "Comparte tus juguetes". ¿Te da tu mamá consejos como estos? Si tú no oyes sus consejos, ¿qué puede pasar? Te puedes quemar un dedo en la estufa. Tu hermanita, (o hermano o amigo) pueden contagiarse con gripe. Puedes meterte en peleas con un amigo. Dios ayuda a tu mamá a darte buen consejo, ¿verdad? ¡Y la Biblia dice que Él desea que recuerdes lo que ella dice!

¿Cuáles son algunas cosas que tu mamá te ha dicho que debes recordar?

QUERIDO DIOS, gracias por mi mamá. Ayúdame a recordar las cosas que ella me dice. Amén.

281

5 de octubre

Una familia feliz

*El padre del justo tiene
de qué alegrarse. ¡Qué
felicidad es tener un hijo
sabio! Así que, dale alegría
a tus padres.*
PROVERBIOS 23:24-25

Tu mamá y tu papá hacen
muchas cosas por ti; ¿verdad? Ellos
ganan dinero para comprar las cosas que tú necesitas. Cocinan y
lavan y arreglan cosas. Ellos te enseñan acerca de Dios y te cubren
en la cama. Así que, ¿qué puedes hacer por ellos? ¿Puedes escu-
charlos y hacer lo que ellos dicen? ¿Puedes darle a cada uno un
abrazo y un beso? ¡Por supuesto! Y entonces puedes decir, "¡Te amo!"

¿Cómo harás a tus padres felices en esta semana?

QUERIDO DIOS, ayúdame a mostrarle a
mi mamá y a mi papá que
los amo.
Amén.

6 de octubre

Aprendiendo de los líderes de la iglesia

Asimismo, vosotros los más jóvenes, estad sujetos a vuestros mayores. 1 PEDRO 5:5 (B.d.l.A.)

¿Has jugado alguna vez "Siguiendo al líder"? En la iglesia tú tienes muchos líderes. Algunos de ellos son maestros, y algunos son ayudantes. Pero todos ellos son mayores que tú, ¿verdad? La Biblia dice que debes dejar a los mayores guiarte. Eso no quiere decir que tienes que andar o hablar igual que ellos. Pero sí quiere decir que debes aprender a amar a Dios y a otras personas de la manera que ellos hacen.

¿Qué puedes aprender si dejas a tu maestra de la Escuela Dominical ser uno de tus líderes?

QUERIDO DIOS, gracias porque mi maestra de la Escuela Dominical es uno de mis líderes en mi iglesia. Amén.

283

7 de octubre

Cómo amar

(Jesús dijo) Este es mi man-
damiento: que os améis los unos
a los otros, así como yo os he
amado. JUAN 15:12 (B.d.I.A.)

Cuando la gente dice que te
aman, ¿cómo sabes que es
verdad? Ellos te abrazan, son
buenos y les gusta estar contigo. ¡Las cosas que ellos
hacen muestran que sus palabras son verdad!
Cuando Jesús vivió en la tierra, Él mostró su amor ayudando a la
gente, haciendo buenas cosas, y dejando a los niños pasar tiempo
con Él. Entonces Él nos dijo que nos amáramos de la misma manera.

¿Cuáles son algunas formas que puedes mostrar que tú amas
a alguien?

QUERIDO DIOS, gracias por enviar a tu Hijo
Jesús, para mostrarnos cómo amarnos los
unos a los otros. En
el nombre de Jesús.
Amén.

8 de octubre

¿Cómo estás?

Y además de piedad, afecto fraternal. Y además de afecto fraternal, amor. 2 PEDRO 1:7

En el cuadro, algunos niños están burlándose de una anciana en la iglesia. Quizá alguno en la familia le dirá a los niños que dejen de hacerlo. Tal vez uno de ellos hablará a la mujer. Ella puede parecer anciana y ser molesta. Pero si los miembros de la familia muestran que se preocupan, ella tendrá mucho de qué hablar. La familia se gozará escuchando y aprenderán a amar a la anciana.

¿Deberás burlarte de la gente o disfrutar con ellos?

QUERIDO DIOS, gracias por todas las diferentes clases de gente que tú has hecho. Ayúdame a disfrutarlos y amarlos. Amén.

9 de octubre

Amigos para siempre

(Rut dijo:) adondequiera que tú vayas iré yo. Rut 1:16

Rut amaba a Noemí. Ella había estado casada con el hijo de Noemí. Pero el hijo de Noemí ya no vivía. Tampoco su esposo. Rut y Noemí eran buenas amigas. Y eran una familia. Rut prometió quedarse con Noemí e ir donde ella fuera. Así que las dos mujeres viajaron juntas. Ellas fueron al pueblo de Noemí.

Tal vez tú puedas ir siempre donde van tus amigos. ¿Aún puedes orar por ellos? ¿De qué otra manera puedes ser bueno con ellos?

QUERIDO DIOS, gracias por mis amigos. Yo oro que tú estés con ellos dondequiera que estén. En el nombre de Jesús. Amén.

286

10 de octubre

Una bienvenida acogedora

Los isleños, bondadosamente, encendieron una hoguera en la playa para darnos la bienvenida y calentarnos en medio del frío y la lluvia que caía.
HECHOS 28:1-2

Pablo y su amigo Lucas estaban en un barco que naufragó en una tormenta. Todos los que estaban en el barco llegaron a salvo a la isla. Se alegraron de llegar allí porque la gente era muy amistosa. Hacía frío y estaba lloviendo. Así que la gente de la isla hicieron un gran fuego para ayudar a los que habían llegado en el barco a entrar en calor.

¿Cómo la gente de la isla recibieron a los que vinieron en el barco?

QUERIDO DIOS, gracias por la gente que son buenos conmigo cuando necesito ayuda. En el nombre de Jesús. Amén.

11 de octubre

Ropa regalada

Una mujer llamada Dorcas (Gacela), creyente que siempre estaba haciendo algo por los demás, especialmente por los pobres.
HECHOS 9:36

A Dorcas le gustaba hacer ropa. Pero ella no las hacía sólo para ella. Ella las hacía para otros, especialmente para la gente pobre. Si la gente no tenía dinero, estaba bien. Ellos no tenían que pagar a Dorcas. Entonces Dorcas se enfermó y murió. Pedro, el amigo de Jesús, oró por ella, ¡y ella volvió a la vida otra vez!

¿Tienes alguna ropa que ya no te sirve? Quizá puedes dársela a una persona pobre.

QUERIDO JESÚS, enséñame a ayudar a la gente pobre como hizo Dorcas. En el nombre de Jesús. Amén.

12 de octubre

Ayudando a Jesús

Entonces yo, el Rey...diré... porque tuve hambre y me disteis de comer; tuve sed y me disteis de beber. MATEO 25:34-35

Algún día todos los que aman a Jesús lo verán en un trono en el cielo. Él nos dirá que le dimos comida y agua. Nos preguntaremos cuándo hicimos estas cosas. Él dirá que cuando lo hicimos a otros, lo hicimos a Él también. ¿No es eso maravilloso?

¿Puedes ayudar a alguien en tu familia que tiene sed?
¿Puedes dar dinero para comprar alimento para los hambrientos? ¿Cómo esas cosas ayudan a Jesús?

QUERIDO JESÚS, gracias por dejarme ayudarte mientras ayudo a las personas a mi alrededor. Amén.

13 de octubre

Muchas maneras de ser buenos

Fui forastero y me alojaron en sus casas; estuve desnudo y me vistieron; enfermo y en prisión, y me visitaron.
MATEO 25:35-36

Jesús nos dirá algún día las muchas cosas que hicimos para Él. Si dejamos que una persona solitaria nos visite, estamos dejando a Jesús visitarnos también. Si compartimos nuestra ropa, estamos compartiendo con Jesús también. Si somos buenos con un enfermo, somos buenos con Jesús. Y si las personas visitan a alguien en la prisión, ellos están visitando a Jesús.

¿Qué cosas buenas puedes hacer por Jesús?

QUERIDO JESÚS, enséñame muchas maneras de ayudar a otros y a ti. Amén.

290

14 de octubre

Animales amigos

El justo se preocupa de la vida de su ganado. PROVERBIOS 12:10 (B.d.l.A.)

La Biblia dice que debemos cuidar los animales que Dios creó. Los que cuidan de los zoológicos, agricultores, y veterinarios cuidan a muchas clases de animales. Mucha gente tienen animales. Si tú tienes un animal, debes cuidar bien de él. Aun si no tienes un animal, puedes cuidar de los pájaros, conejos, ¡y cualquier otra clase de animales que otros tienen!

¿Cuáles son algunas cosas que puedes hacer por Jesús?

QUERIDO JESÚS, enséñame muchas formas de ser bueno con otras personas y contigo. Amén.

15 de octubre

Un dios falso

(Acab) se casó con Jezabel.... Así Acab hizo más para provocar al Señor, Dios de Israel, que todos los reyes de Israel que fueron antes que él. 1 REYES 16:31,33 (B.d.l.A.)

Jezabel era una reina mala. En vez de adorar a Dios, ella adoraba al dios falso llamado Baal. Jezabel hizo que su esposo, el rey Acab adorara también a Baal. Ellos pensaron que este dios falso los iba a cuidar. Pensaron que él iba a traer lluvia para hacer crecer las plantas a través de todo el país. Por supuesto, él no pudo. Solamente Dios puede hacer eso.

¿Qué fue lo que hizo Acab y Jezabel que estaba mal?

QUERIDO DIOS, yo te amo mucho. Ayúdame a nunca dejar de amarte. En el nombre de Jesús. Amén.

16 de octubre

Un mensaje de Dios

Entonces Elías ... dijo a Acab; Vive el Señor. Dios de Israel, delante de quien estoy, que ciertamente no habrá rocío ni lluvia en estos años, sino por la palabra de mi boca. 1 REYES 17:1 (B.d.I.A.)

Elías era un profeta de Dios. Él dio el mensaje del Señor, que es otro nombre para Dios. Elías dio a Acab y a Jezabel un mensaje que ellos no querían oír. Elías les dijo que no habría lluvia hasta que él lo dijera. Dios le dijo que dijera este mensaje al rey y a la reina.

¿Qué mensaje Elías le dio al rey y a la reina?

QUERIDO DIOS, gracias por ser un Dios viviente. Yo quiero escuchar mensajes tuyos en la Biblia. Amén.

17 de octubre

Seguros al lado de un arroyo

Y vino a Elías la palabra del Señor, diciendo: Sal de aquí y dirígete hacia el oriente, y escóndete junto al arroyo Querit...y he ordenado a los cuervos que te sustenten allí. 1 REYES 17:2-4 (B.d.l.A.)

Elías estaba a salvo del rey malo y de la reina. Dios le dijo a Elías que se escondiera al lado de un arroyo, y Dios cuidó de él allí. Elías tomaba agua del arroyo. Y comía el alimento que unos pájaros negros le trajeron. Dios hacía que los pájaros le llevaran pan y carne cada mañana y cada noche.

¿Cómo Dios guardó a Elías a salvo?

QUERIDO DIOS, gracias por guardar seguro a Elías. Yo me alegro que tú eres más poderoso que el rey malo y la reina. Amén.

294

18 de octubre

Una viuda le iba a ayudar

*Vino después a él la palabra del Señor, diciendo: Levántate, ve a
Sarepta, yo he mandado a una viuda de allí que te sustente.*
1 REYES 17:8-9 (B.d.I.A.)

No pasaron muchos días cuando el arroyo donde Elías estaba
escondido, se secó. Él no tenía agua para tomar. Así que Dios
lo mandó a otro país. Dios dijo que una viuda —una mujer cuyo
esposo había muerto— lo iba a cuidar. Cuando Elías vino a
Sarepta, vio a una mujer a la entrada del pueblo. Él sabía que
ella era la mujer que le iba a ayudar.

¿Qué hizo Dios por Elías en otro país?

QUERIDO DIOS, gracias que cuidaste de Elías cuando dejó de
llover y el arroyo se secó.
Amén.

295

19 de octubre

Pan para todos

Te ruego que me consigas un poco de agua en un vaso para que yo beba... Te ruego que me traigas también un bocado de pan en tu mano. 1 REYES 17:10-11 (B.d.l.A.)

Elías pidió pan. Pero la viuda dijo que no tenía alimento extra. ¡Bueno, Elías dijo a la viuda que le trajera pan a él de todos modos! Entonces habría suficiente harina y aceite para hacer pan para ella y su hijo también. Elías dijo que Dios haría que la harina y el aceite no se acabara. Habría suficiente hasta que viniera la lluvia y las plantas comenzaran a crecer otra vez. ¡Y eso fue lo que pasó!

Cuando la viuda ayudó a Elías, ¿qué paso?

QUERIDO DIOS, ¡me alegro que nada es imposible para ti! Amén.

296

20 de octubre

Una promesa

Y Acab llamó a Abdías que era mayordomo de la casa....Y estando Abdías en el camino, he aquí, Elías le salió al encuentro. 1 REYES 18:3,7 (B.d.I.A.)

Dios quería que Elías fuera a ver al Rey Acab. Dios dijo que él iba a enviar lluvia pronto. En el camino, Elías se encontró con Abdías, uno de los ayudantes importantes del rey. Elías dijo que le dijera al rey que él estaba allí. Abdías tenía miedo que Elías se fuera antes que el rey viniera a verlo. Pero Elías le prometió que no se iba a ir. Y Así fue.

¿Qué promesa guardó Elías?

QUERIDO DIOS, ayúdame a cumplir mis promesas. En el nombre de Jesús. Amén.

21 de octubre

Encuéntrame en el monte

(Elías) respondió: Yo no he perturbado a Israel, sino tú y la casa de tu padre... Ahora pues, envía a reunir conmigo a todo Israel en el monte Carmelo, junto con cuatrocientos cincuenta profetas de Baal. 1 REYES 18:18-19 (B.d.I.A.)

Era el tiempo para que Elías saliera de su escondite. Él quería que la gente conociera al verdadero Dios. No quería que ellos siguieran adorando al dios falso Baal. Así que el profeta Elías le dijo a los 450 profetas de Baal que lo encontraran en la cumbre del monte Carmelo. Ellos iban a orar y verían quién respondía — Dios o Baal.

¿Por qué Elías iba a la cumbre del monte?

QUERIDO DIOS, gracias por las personas que quieren ayudar a otros a conocer quién eres tú. Amén.

22 de octubre

El Dios que es verdadero

(Elías dijo:) Si el Señor es Dios, seguidle; y si Baal, seguidle a él. 1 REYES 18:21 (B.d.l.A.)

Elías habló a la gente que se habían reunido en el monte Carmelo. Él les dijo que ellos no podían seguir adorando al Señor y a Baal. Los dos no podían ser Dios, así que uno tenía que ser falso. La gente tenía que decidir cuál de los dos era el Dios verdadero. El pueblo no sabía qué decir. Así que no dijeron nada.

¿Qué le dijo Elías a la gente?

QUERIDO DIOS, yo sé que tú eres verdadero porque yo puedo hablar contigo y tú contestas mis oraciones. ¡Gracias, Dios! Amén.

23 de octubre

¿Quién responderá?

Entonces invocad el nombre de vuestro dios, y yo invocaré el nombre del Señor; y el Dios que responda por fuego, ése es Dios.
1 REYES 18:24 (B.d.l.A.)

Elías dijo que haría un altar de piedra donde él pudiera adorar al Señor. Él pondría leña encima. Los profetas de Baal harían un altar donde ellos pudieran adorar a Baal. Elías sabía que Baal no podía oír ninguna oración. La gente se lo habían inventado. Elías sabía también que el Señor era el Dios verdadero. El Señor podía oír y contestar la oración.

"El Señor" es otro nombre para Dios. ¿Qué sabía Elías acerca del Señor?

QUERIDO SEÑOR, gracias por ayudar a las personas a saber que realmente tú eres Dios.
En el nombre de Jesús.
Amén.

24 de octubre

No hay respuesta

Oh Baal, respóndenos. Pero no hubo voz ni nadie respondió. 1 REYES 18:26 (B.d.I.A.)

Los 450 profetas de Baal oraron desde la mañana a la noche. Adoraban a su dios danzando alrededor del altar que habían hecho. Ellos oraron más alto, por si acaso Baal estaba durmiendo o demasiado ocupado para oírlos. Pero Baal era un dios falso. Él no estaba ni siquiera vivo. ¡Nunca había existido! Así que no había nadie que oyera a los profetas sin importar lo alto que oraran.

¿Por qué Baal no podía oír las oraciones?

QUERIDO DIOS, oro para que la gente que no te conocen aprendan que pueden hablar contigo en el nombre de tu Hijo Jesús. Amén.

301

25 de octubre

Fuego del cielo

Respóndeme, oh Señor, respóndeme, para que este pueblo sepa que tú, oh Señor, eres Dios. 1 REYES 18:37 (B.d.l.A.)

En la tarde, Elías levantó el altar del Señor. Tres veces le pidió a la gente que derramaran agua sobre el altar. Entonces Elías oró. ¡Y el Señor envió fuego del cielo! Quemó todo el altar, aun las piedras. La gente sabía que el agua se usaba para apagar el fuego, ¡y no para empezar uno! Solamente Dios pudo comenzar aquel fuego. Entonces la gente comenzó a adorarlo.

¿Cómo mostró el Señor que Él es Dios?

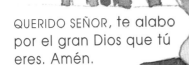

QUERIDO SEÑOR, te alabo por el gran Dios que tú eres. Amén.

26 de octubre

Por favor, manda lluvia

Elías subió a la cumbre del Carmelo; y allí se agachó en tierra. 1 REYES 18:42 (B.d.I.A.)

A veces cuando la gente ora, ellos se arrodillan. Elías se arrodilló para hablar con Dios para que enviara lluvia. Dios no había enviado lluvia por mucho tiempo porque quería que su pueblo aprendiera que Baal no los podía ayudar. Mientras Elías oraba, su ayudante vio nubes negras. Pronto vino la lluvia. ¡Ahora las plantas empezarían a crecer otra vez!

¿Por qué no había llovido por tanto tiempo?

QUERIDO DIOS, te doy gracias por enviar el sol y la lluvia. Gracias por saber lo que nosotros necesitamos. Amén.

303

27 de octubre

Tú, yo y Dios

Y hay diversidad de operaciones, pero es el mismo Dios el que hace todas las cosas en todos. 1 CORINTIOS 12:6 (B.d.I.A.)

Elías ayudó a la gente a aprender que solamente un solo Dios contesta oraciones. Muchos años después, Pablo también quería que la gente supieran que hay solamente un Dios. Así que Pablo escribió cartas que podemos leerlas en la Biblia. Pablo dijo que Dios nos ayuda a hacer diferentes cosas para Él. Tú eres bueno en una cosa, y yo soy bueno en algo diferente. ¡Pero es Dios quien nos ayuda a los dos!

¿Eres bueno en ayudar?, ¿en ser bondadoso?, ¿en dar?, ¿en confiar en Jesús?

QUERIDO DIOS, gracias por las cosas que me ayudas a hacer para ti. Amén.

28 de octubre

Cada parte es importante

Dios ha colocado a cada uno de los miembros en el cuerpo, según le agradó.... Y el ojo no puede decir a la mano: No te necesito; ni tampoco la cabeza a los pies: No os necesito.
1 CORINTIOS 12:18,21 (B.d.I.A.)

¿Es cada parte de tu cuerpo importante? ¡Por supuesto! Pablo escribió que cada parte del cuerpo tiene una labor que hacer. Entonces él dijo que eso muestra que así es con la familia de Dios. Cada parte de la familia es importante. Cada persona tiene un trabajo que hacer. Cuando nosotros trabajamos juntos, ¡somos una familia con muchas partes!

¿Por qué cada persona en la familia de Dios es importante?

QUERIDO DIOS, yo pienso que es importante ser parte de una familia. Muéstrame qué puedo hacer por ti en mi iglesia.
Amén.

29 de octubre

Cada uno se preocupa

Si un miembro sufre, todos los miembros sufren con él; y si un miembro es honrado, todos los miembros se regocijan con él.
1 CORINTIOS 12:26 (B.d.l.A.)

Si tu estómago te duele todo tu cuerpo está enfermo. Cuando tu estómago mejora, todo tu cuerpo se siente bien y de nuevo estás feliz. Así es con la familia de Dios. Si estás triste, los amigos de tu iglesia se sienten tristes también. Ellos quieren abrazarte y orar por ti. Cuando algo bueno te sucede, los amigos de tu iglesia se sienten alegres y alaban a Dios junto contigo.

¿Cómo se sienten tus amigos en la iglesia cuando estás triste? ¿Cómo se sienten ellos cuando tú estás contento?

QUERIDO DIOS, gracias por la forma en que mis amigos en la iglesia cuidan de mí. Amén.

30 de octubre

Realmente debes hacer eso

Exhórtense todos los días mientras les quede tiempo. HEBREOS 3:13

A veces la gente dice: "Yo te animo a hacer eso". Ellos están diciendo que algo es una buena idea. ¡La Biblia dice que la gente en la familia de Dios deben estimularse los unos a los otros para hacer las cosas bien hechas cada día! Hace mucho tiempo, un niño que su apellido era Wesley animó a sus amigos. Lo hizo levantando su mano para que todos supieran que él había orado a Dios ese día. Entonces algunos de sus amigos levantaron sus manos para mostrar que ellos deseaban orar también.

¿A qué puedes animar a tus amigos a hacer?

QUERIDO DIOS, gracias por la gente que me animan. Ayúdame a animar a alguien también. En el nombre de Jesús. Amén.

31 de octubre

Una regla

Porque la ley se resume en este mandamiento: "Amarás a tu prójimo como a ti mismo".
GÁLATAS 5:14

Dios nos dio reglas llamadas "La ley". Estas reglas nos ayudan a ser felices. La regla más importante es acerca del amor. ¿Sabías tú que te amas a ti mismo? Bueno, así es. Tú lo muestras en la manera en que te cuidas a ti mismo. Tú deseas que otros sean buenos contigo, ¿no? Y tú no deseas que nadie se ría de ti o te hiera, ¿no? Dios quiere que tú ames a otros de la misma manera.

¿Cuál es la regla más importante de Dios para su familia?

QUERIDO DIOS, gracias por mis amigos. Ayúdame a dejarles ver que los amo. Ayúdame a cuidar de ellos tanto como cuido de mí mismo. Amén.

1 de noviembre

Cuatro estaciones

Hay un tiempo señalado para todo.... tiempo de plantar, y tiempo de arrancar lo plantado.
ECLESIASTÉS 3:1-2 (B.d.I.A.)

¿Sabes tú lo que los agricultores y jardineros hicieron la primavera pasada? ¡Plantaron semillas! Durante el verano, las semillas crecieron en plantas grandes. Ahora es otoño, ¿no? Los agricultores y los jardineros han recogido frutas, vegetales, y grano de sus plantas. Pronto será invierno. Muchos agricultores y jardineros descansarán hasta que comiencen a plantar de nuevo en la próxima primavera.

¿Qué te gusta a ti hacer durante las cuatro estaciones?

QUERIDO DIOS, gracias por la primavera, el verano, el otoño y el invierno. Amén.

2 de noviembre

Tiempo de nacer

Tiempo de nacer,
y tiempo de morir.
ECLESIASTÉS 3:2 (B.d.I.A.)

La gente mira los perritos y dicen: "¡Qué lindos!" "¡Qué suaves!" "¡Qué graciosos!". Cuando los cachorritos nacen, sus ojitos están cerrados y duermen mucho. Pronto comienzan a correr alrededor, persiguiendo las cosas y masticando todo lo que encuentran. Cuando ellos llegan a ser perros grandes, les gusta sentarse al lado tuyo y lamerte. Después de muchos años se vuelven viejos.
Y duermen mucho antes de morir.

¿Qué te gusta más acerca de los perritos? ¿gatitos? ¿bebitos?

QUERIDO DIOS, los perritos graciosos me hacen feliz. Pero me siento triste cuando mueren los animales. Yo sé que tú entiendes cómo me siento. Gracias, Dios. Amén.

310

3 de noviembre

Juntos con Jesús

Para que no os entristezcáis como lo hacen los demás que no tienen esperanza. Porque si creemos que Jesús murió y resucitó, así también Dios traerá con Él a los que durmieron en Jesús.
1 TESALONICENSES 4:13-14 (B.d.I.A.)

Toda la vida en la tierra se acabará algún día. Eso es bueno para la gente que ama a Jesús. ¿Sabes por qué? Es porque ellos vivirán con Él después que mueran. Aunque nos sintamos tristes cuando alguien muere, aún podemos estar alegres que la persona está con Jesús. Y podemos estar alegres que todos volveremos a estar juntos algún día.

¿Qué cosas buenas sucederán algún día a las personas que aman a Jesús?

QUERIDO JESÚS, me alegro que tu Hijo Jesús, volvió a la vida después de muerto, así que nosotros podemos hacerlo también. En el nombre de Jesús. Amén.

4 de noviembre

Lágrimas y risas

Tiempo de llorar, y tiempo de reír; tiempo de lamentarse, y tiempo de bailar. ECLESIASTÉS 3:4 (B.d.l.A.)

Cuando te sientes triste, es bueno llorar, ¿verdad? Tal vez lloras cuando un amigo se muda. O cuando ves un pájaro muerto. O cuando alguien fue malo contigo. Cuando te sientes triste, Jesús también está triste. Cuando te sientes alegre, te gusta reír, ¿no? Quizá cuando estás alegre te ríes, saltas y das vueltas alrededor porque estás gozando. Cuando te sientes alegre, también Jesús está alegre.

¿Cuándo lloras? ¿Cuándo te ríes?

QUERIDO JESÚS, estoy alegre, está bien que llore cuando me siento triste y está bien reír cuando me siento alegre. Gracias por hacer esas cosas conmigo. Amén.

312

5 de noviembre

¡Es un rompecabeza!

Y sabemos que para los que aman a Dios, todas las cosas cooperan para bien. ROMANOS 8:28 (B.d.l.A.)

¿Has tenido tú dificultad en armar un rompecabeza? Las cosas que pasan pueden ser difíciles de entender también. Un amigo se puede enfermar de gravedad, o los padres de alguien pueden perder el trabajo. Entonces podemos decir: ¡Qué rompecabeza es eso! Eso quiere decir que no entendemos por qué sucedió. Puede que nunca lo entenderemos. Pero podemos estar seguros que Dios hará cosas para nuestro bien. ¡Eso es porque nosotros lo amamos a Él y Él nos ama a nosotros!

¿Qué cosas difíciles te han pasado a ti?

QUERIDO DIOS, gracias por ayudarme a confiar en ti cuando me traes cosas buenas que no puedo entender. Amén.

6 de noviembre

Triste ahora, alegre después

Al presente ninguna disciplina parece ser causa de gozo, sino de tristeza, sin embargo... les da después fruto apacible de justicia.
HEBREOS 12:11 (B.d.I.A.)

Cuando haces algo malo, tus padres no lo pasan por alto. ¿Por qué no? Porque ellos te aman ¡verdaderamente! Ellos quieren que tú agrades a Dios. Y aun Dios mismo te entrena. Él te guardará de sentirte bien cuando haces cosas malas. Entonces Él te ayudará a sentirte feliz y en paz cuando haces lo correcto.

¿Cómo ser enseñado a hacer lo bueno te ayuda?

QUERIDO DIOS, gracias por enseñarme a hacer lo bueno. Amén.

7 de noviembre

¡Vienen buenas cosas!

Bienaventurados seréis cuando os insulten...Regocijaos y alegraos, porque vuestra recompensa en los cielos es grande.
MATEO 5:11-12 (B.d.l.A.)

Los niños que quieren hacer cosas malas puede que no sean buenos contigo. Te puedes alegrar de eso. Después de todo esas cosas pasan por un rato. Jesús dijo que si tú lo amas, buenas cosas estarán esperándote en el cielo. ¡Tú vas a vivir con Jesús para siempre!

¿Cuando otros se burlen de ti por qué debes alegrarte?

QUERIDO JESÚS, te amo. ¡Me alegro de las cosas buenas que me esperan en el cielo! Amén.

PRIVADO

315

8 de noviembre

Dios nunca se va

(Pablo escribió:) ni ninguna otra cosa creada nos podrá separar del amor de Dios que es en Cristo Jesús Señor nuestro. ROMANOS 8:38 (B.d.I.A.)

A veces tu papá y tú tienen que ir en diferentes direcciones, ¿no es así? Pero mientras tu papá está lejos, tú sabes que él todavía te ama. Si él no está muy ocupado, puede enviarte un mensaje en la computadora. Con Dios es aun mejor. ¡Él nunca te deja! Aun cuando no lo puedas ver, Él siempre te escucha cuando oras. ¡No hay nada que te pueda separar del amor de Dios!

¿Cómo es el amor de Dios aun mejor que el amor de tu padre?

QUERIDO DIOS, gracias por tu amor. Me alegro que tú y yo nunca tendremos que ir en caminos diferentes. Amén.

9 de noviembre

Alguien para consolar

El cual nos consuela en toda tribulación nuestra, para que nosotros podamos consolar a los que están en cualquier aflicción con el consuelo con que nosotros mismos somos consolados por Dios.
2 CORINTIOS 1:4 (B.d.I.A.)

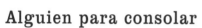

¿Piensas alguna vez que nadie entiende cómo te sientes? Siempre tú puedes hablar con Dios, no importa si estás triste, o solo, o con miedo. Dios te consolará, y te sentirás mucho mejor. ¿Sabes lo que Dios quiere que tú hagas entonces? ¡Él quiere que tú consueles a alguien! Puede ser un amigo, una hermanita o hermanito, ¡o aun un animalito!

Después que Dios te consuela a ti, ¿qué quiere Él que tú hagas?

QUERIDO DIOS, gracias por todas las veces que tú me has consolado. Ahora ayúdame a encontrar a alguien para yo consolarlo. En el nombre de Jesús. Amén.

317

10 de noviembre

Salvo con Dios

*El Señor es tu guardador; el Señor es tu
sombra a tu mano derecha.*
SALMO 121:5 (B.d.l.A.)

¿Alguna vez te has sentado debajo de un
árbol en un día caliente? La sombra del
árbol te resguarda del calor y de quemarte
con el sol, ¿no es cierto? La Biblia dice que
el Señor (otro nombre para Dios) te protege
como lo hace la sombra. Él te protege de
cosas malas. No permite que nada malo te
pase con lo cual Él pueda ayudarte.

¿De cuáles cosas malas te puede
proteger Dios?

QUERIDO DIOS, gracias porque tú me
proteges. Me siento seguro contigo,
tal como me siento debajo de un
árbol grande. Amén.

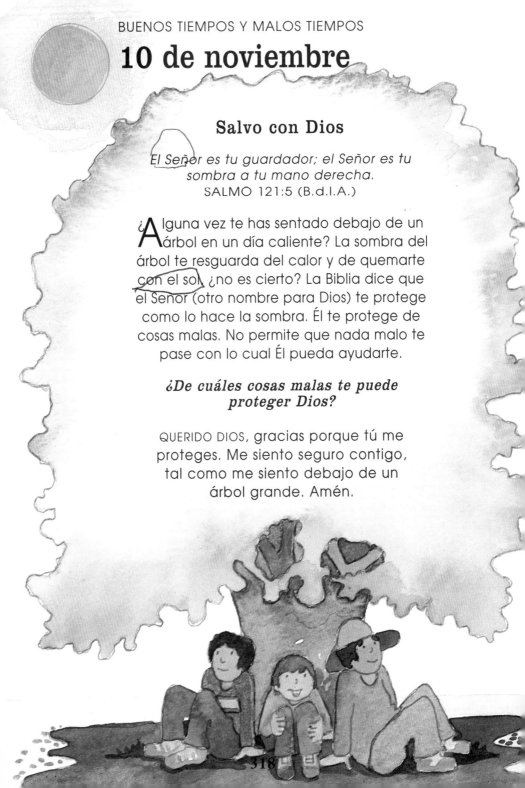

11 de noviembre

Llamando a Jesús

Y cuando oyó que era Jesús el Nazareno, comenzó a gritar y a decir: ¡Jesús, Hijo de David, ten misericordia de mí!
MARCOS 10:47 (B.d.I.A.)

Un hombre ciego llamado Bartimeo estaba rogando a la gente que le dieran dinero. Entonces oyó que Jesús venía. Él sabía que Jesús podía darle algo más que dinero. ¡Jesús podía hacer que sus ojos vieran! Entonces no tendría que pedir más dinero. Bartimeo llamó a Jesús, y Jesús lo ayudó. Jesús nunca dejó de ayudar a nadie que lo llamaba.

¿Cómo Jesús sabía que Bartimeo necesitaba ayuda?

QUERIDO JESÚS, gracias por escuchar cada vez que yo te digo lo que necesito. ¡Gracias por contestarme, también! Amén.

319

12 de noviembre

Jesús comprende

Porque no tenemos un sumo sacerdote que no pueda compadecerse de nuestras flaquezas, sino uno que ha sido tentado en todo como nosotros, pero sin pecado.
HEBREOS 4:15 (B.d.l.A.)

Cuando Jesús era un joven, ayudando en el taller de carpintero, él pudo haber sido tentado a decir cosas que no debía. La Biblia dice que Él fue tentado en todo como nosotros. Así que cuando le decimos a Jesús de lo que somos tentados a hacer, sabemos que Él entiende. La diferencia entre Jesús y nosotros es que a veces nosotros hacemos las cosas malas que somos tentados a hacer. Nosotros pecamos. Jesús nunca pecó. Como Hijo perfecto de Dios, Él puede perdonar nuestros pecados.

¿Por qué Jesús entiende lo que es ser tentado?

QUERIDO JESÚS, gracias por entender lo que es ser tentado. Pero yo me alegro que tú nunca pecaste. Amén.

320

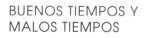

13 de noviembre

¿Un buen tiempo en la cárcel?

Y después de darles muchos azotes, los echaron en la cárcel, ordenando al carcelero que los guardara con seguridad; el cual, habiendo recibido esa orden, los echó en el calabozo interior y les aseguró los pies en el cepo. HECHOS 16:23-24 (B.d.l.A.)

Pablo y Silas fueron llevados a la cárcel por enseñar a otros acerca de Jesús. Sus pies estaban amarrados, para que ellos ni siquiera pudieran andar dentro de la cárcel. No era un buen tiempo para ellos, ¿verdad que no? Pero ellos lo hicieron buen tiempo de todos modos. ¡Cantaron alabanzas a Dios! Eso mostró que ellos confiaban en Dios y que Él iba a hacerse cargo de su problema. Él lo hizo, ¡enviando un terremoto!

¿Por qué Pablo y Silas cantaron en la cárcel?

QUERIDO Dios, cuando yo no esté teniendo buen tiempo, ¡ayúdame a confiar en ti de todos modos! En el nombre de Jesús. Amén.

321

14 de noviembre

Ayuda amistosa

(Pablo escribió:) Epafrodito, mi hermano, colaborador....quien también es vuestro mensajero y servidor para mis necesidades.
FILIPENSES 2:25
(B.d.I.A.)

Pablo estaba en la cárcel otra vez. En esta ocasión él estaba solo. Había estado en la cárcel por largo tiempo. ¡Algunos de los amigos de la iglesia de Pablo enviaron un hombre con un nombre muy largo para ayudarlo! Epafrodito le trajo dinero y lo ayudó a alegrarse. ¿Necesitas tú que te alegren? Tal vez tu mamá puede invitar a un amigo de la iglesia que venga. ¡Un amigo puede jugar contigo y hacerte reír!

¿Cómo se pueden ayudar los amigos de la iglesia?

QUERIDO DIOS, gracias por mis amigos de la iglesia. Gracias por los amigos que ayudan a alegrarme. Amén.

15 de noviembre

Problemas grandes y problemas pequeños

Llevad los unos las cargas de los otros, y cumplid así la ley de Cristo. GÁLATAS 6:2 (B.d.l.A.)

Algunos problemas son pequeños. Tal vez tu familia no puede comprar la computadora de juegos que tú quieres. Así que tu amigo te deja jugar el juego en su casa. Algunos problemas son grandes. Puede ser que te rompas la pierna. Así que tu familia y amigos te ayudan durante todo el tiempo que usas muletas. Los niños en el cuadro tuvieron un problema grande. Soldados vinieron a su villa africana y prendieron fuego a sus casas. Así que tuvieron que buscar otro sitio para vivir.

¿Qué desea Dios que tú hagas cuando alguien tiene problemas?

QUERIDO DIOS, gracias por las personas que me ayudan con mis problemas. Enséñame cómo ayudar a mis amigos. Amén.

323

16 de noviembre

Confiando en Jesús

Así que, nosotros los que somos fuertes, debemos sobrellevar las flaquezas de los débiles y no agradarnos a nosotros mismos. ROMANOS 15:1 (B.d.l.A.)

¿Alguna vez sientes miedo de noche? Tu cuarto está oscuro, tú estás solo, y comienzas a llorar. Quizá tienes hermanos o hermanas mayores que vienen a tu cuarto a consolarte. O tal vez tu mamá viene. O tu papá. La fe de ellos es fuerte. Ellos han amado a Jesús por mucho tiempo, y confían en Él. Saben que Él está contigo y cuidará de ti. Así que ellos te ayudan a creer eso también.

Nombra a alguien que tú puedes ayudar mientras tu fe en Jesús se fortalece.

QUERIDO DIOS, gracias por la gente que me ayudan cuando me olvido de confiar en ti y mi fe es débil. Ayúdame a confiar en ti más y más. En el nombre de Jesús Amén.

17 de noviembre

Tal como mamá

Como uno a quien consuela su madre, así os consolaré yo. ISAÍAS 66:13 (B.d.l.A.)

¡Cuando te sientes triste, puedes correr a los brazos de tu mamá! Ella siempre entiende, ¿verdad? Te abraza y te deja llorar tanto como tú quieras. Entonces ella te seca tus lágrimas ¡y tal vez te da un dulce!

Ese es la clase de amor que Dios da. Tú no sientes sus brazos alrededor de ti o recibes un dulce de Él, pero puedes hablar con Él, y te hace sentir feliz otra vez, aun cuando tu mamá no esté a tu alrededor.

¿Cómo es Dios igual a tu mamá?

QUERIDO DIOS, realmente te quiero decir acerca de las cosas que me hacen sentir triste. Tú me entiendes y me ayudas a sentirme mejor. ¡Gracias, Dios! Amén.

18 de noviembre

Tormentas

Una violenta tempestad de viendo descendió sobre el lago... Y Él, levantándose, reprendió al viento y a las olas embravecidas, y cesaron y sobrevino la calma.
LUCAS 8:23-24 (B.d.I.A.)

Las tormentas pueden asustar, ¿no es cierto? Jesús estaba durmiendo en un barco un día cuando vino una tormenta. Los amigos de Jesús tenían miedo, pero Él sólo le dijo a la tormenta que parara, ¡y lo hizo! Una noche tormentosa parece mal tiempo para ti, pero se puede convertir en buen tiempo si confías en Jesús. Puedes hablar con Él, y Él puede ayudarte a dormir.

¿Qué clase de tormentas tienes tú donde vives? ¿Lluvia? ¿Nieve? ¿Viento? ¿Puedes confiar en Jesús en cualquier tormenta?

QUERIDO JESÚS, ayúdame a confiar para que cuides de mí dondequiera que haya una tormenta. Amén.

19 de noviembre

Dios irá conmigo

No temas ni te acobardes, porque el Señor tu Dios estará contigo donde- quiera que vayas.
JOSUÉ 1:9 (B.d.I.A.)

Por mucho tiempo Moisés fue el líder del pueblo de Dios. Entonces Dios escogió a Josué para ser el próxi- mo líder. Su trabajo era llevar al pueblo a una tierra nueva. Dios le dijo a Josué que fuera "fuerte y valiente". Dios no sólo dijo eso y se fue. Él prometió estar con Josué donde- quiera que él fuera. ¡Esa promesa es para ti también! Tú puedes ser valiente dondequiera que tú vayas porque Dios irá contigo.

¿Puedes mencionar algunos lugares donde irás en esta semana? ¿Quién irá contigo?

QUERIDO DIOS, gracias por ir conmigo dondequiera. Yo no tendré miedo. ¡Seré valiente! Amén.

20 de noviembre

Un río para cruzar

Y los pies de los sacerdotes...se mojaron...Las aguas que venían de arriba se detuvieron y se elevaron en un montón... hasta que todo el pueblo acabó de pasar el Jordán. JOSUÉ 3:15-17 (B.d.I.A.)

Josué y el pueblo tenían que cruzar un río que era hondo y ancho. Daba miedo. Pero Josué sabía que muchos años antes Dios había dividido un gran mar. Moisés y el pueblo habían caminado en tierra seca. Ahora Josué le dijo al pueblo que Dios quería que ellos cruzaran el río. ¡Tan pronto como ellos entraron al agua, el río dejó de correr! Todos cruzaron en tierra seca.

¿Qué hizo Dios por Josué y el pueblo?

QUERIDO DIOS, gracias por cuidar de Josué y el pueblo. Gracias por cuidar de mí. Amén.

21 de noviembre

Una ciudad para el pueblo de Dios

Y sucedió que cuando Josué estaba cerca de Jericó, levantó los ojos y miró, y he aquí, un hombre estaba frente a él con una espada desenvainada en la mano... Y él respondió: (el hombre) ...vengo ahora como capitán del ejército del Señor. JOSUÉ 5:13-14 (B.d.l.A.)

Josué y el pueblo estaban en la tierra en que Dios quería que ellos vivieran. Pero pronto llegaron a la ciudad con murallas, anchas y altas alrededor de ella. La gente en la ciudad no querían que Josué y su pueblo vivieran en la ciudad. Así, que ¿qué iba a hacer Josué ahora? Mientras él se acercaba a la ciudad, vio a un hombre que le dijo que él era el líder del pueblo de Dios. ¡Qué interesante! ¡Josué estaba recibiendo ayuda del cielo!

¿Por qué Dios mandó ayuda especial a Josué?

QUERIDO DIOS, gracias por saber cuándo yo te necesito y por enviarme ayuda. Amén.

22 de noviembre

El mejor plan

*Marcharéis alrededor de la ciudad... Así lo harás por seis días...
y al séptimo día marcharéis alrededor de la ciudad siete veces,
y los sacerdotes tocarán las trompetas....todo el pueblo gritará a
gran voz, y la muralla de la ciudad se vendrá abajo.*
JOSUÉ 6:2-5 (B.d.l.A.)

Dios le dijo a Josué cómo entrar en la ciudad de Jericó,
¿verdad? No fue la clase de plan que Josué hubiera podido
hacer por sí mismo. Pero él sabía que el plan de Dios iba a
funcionar. Así que él le dijo al pueblo que hiciera lo que Dios
decía.

**¿Por qué el plan de Josué era mejor que cualquier plan que
Josué hubiera tenido?**

QUERIDO DIOS, ayúdame a recordar hablar contigo cada vez
que necesito saber lo que tengo que hacer. Amén.

23 de noviembre

Las murallas cayeron

Y sucedió que cuando el pueblo oyó el sonido de la trompeta, el pueblo gritó a gran voz y la muralla se vino abajo, y el pueblo subió a la ciudad. JOSUÉ 6:20 (B.d.I.A.)

Cada día por seis días, Josué y el pueblo marcharon alrededor de la ciudad de Jericó. En el séptimo día, ellos sonaron sus trompetas y gritaron. Hicieron todo lo que Dios les dijo que hicieran. ¡Y todo pasó como Dios dijo que iba a pasar! La ancha y alta muralla comenzó a romperse y cayó. ¡El pueblo de Dios salió del camino mientras las murallas cayeron con un gran estrépito!

¿Qué pasó cuando el pueblo hizo lo que Dios dijo?

QUERIDO DIOS, gracias por ayudarme cuando yo te obedezco como lo hizo Josué y el pueblo. Amén.

24 de noviembre

¡No te olvides de amar a Dios!

El Señor vuestro Dios es quien pelea por vosotros, tal como Él os ha prometido. Tened sumo cuidado, por vuestra vida, de amar al Señor vuestro Dios. JOSUÉ 23:10-11 (B.d.l.A.)

Muchos días habían pasado desde que las murallas de Jericó habían caído. Ahora Josué estaba viejo, pero él habló al pueblo de Dios una vez más. Él les dijo que recordaran cómo Dios cumplió su promesa de ayudarlos. Dios hizo su parte peleando por ellos. Ahora el pueblo tenía que hacer su parte. ¡Ellos tenían que amar a Dios! Si lo hacían, ellos tenían que tener mucho cuidado de obedecerlo y no olvidarlo.

¿Qué hizo Dios por su pueblo? ¿Qué tenía que hacer el pueblo por Dios?

QUERIDO DIOS, tú haces tantas cosas por mí. Ayúdame a tener cuidado de mostrar mi amor por ti. Amén.

25 de noviembre

¡Tú eres un Dios, admirable!

Grande es nuestro Señor, y muy poderoso; su entendimiento es infinito. SALMO 147:5 (B.d.l.A.)

Piensa en las cosas maravillosas que Dios hace. Él alimenta los pájaros y las mariposas. Manda las nubes y el sol. Él hace caer la nieve en la cumbre de las montañas. Entonces manda calor para hacer crecer la hierba y las flores. ¡Por sobre todo eso, nos entiende y nos ayuda cuando confiamos en Él! Está feliz cuando confiamos en Él para amarnos y cuidarnos. ¡Dios es maravilloso! ¿No es cierto?

¿Cuáles son algunas cosas maravillosas que Dios hace? ¿Cuáles son algunas de las cosas que tú confías que Dios haga por ti?

QUERIDO Dios, te alabo por ser tan grande. Ayúdame a confiar en ti que siempre me amas y me cuidas. Amén.

333

26 de noviembre

¡Estoy maravillado!

Porque tú formaste mis entrañas...Te alabaré, porque asombrosa y maravillosamente he sido hecho; maravillosas son tus obras, y mi alma lo sabe muy bien. SALMO 139:13-14 (B.d.l.A.)

Antes de tú nacer, Dios formó tu cuerpo dentro de tu mamá. Él te dio huesos y músculos para ayudarte a pararte, correr, y levantar cosas. Te dio un cerebro, para que puedas pensar. Te dio el corazón y los pulmones para que puedas respirar. Y Él puso piel sobre piel sobre todo tu cuerpo. Dios también te dio cabellos para tu cabeza y uñas para los dedos de tus manos y pies. ¡Es maravilloso como Él pensó en todo!

¿Qué piensas sobre las cosas más maravillosas acerca de tu cuerpo?

QUERIDO DIOS, gracias por la forma maravillosa en que me hiciste ¡por dentro y por fuera! Amén.

27 de noviembre

El poder y el amor de Dios

El que habita al abrigo del Altísimo morará a la sombra del Omnipotente.
SALMO 91:1 (B.d.I.A.)

¡Dios no sólo te hizo —te ama! Puedes confiar en que te guarda seguro porque Él quiere hacerlo y tiene el poder para hacerlo. La niña en la lámina se cayó, pero sólo tuvo un rasguño en su rodilla. Dios la guardó de una herida peor. Él sabía que su mamá podía ayudarla con la rodilla. Y Él la sanará rápido para que ella pueda correr y jugar otra vez. Él es un Dios maravilloso.

¿Por qué puedes confiar que Dios te guarda seguro?

QUERIDO DIOS, gracias por cuidarme y por ayudarme a sanar rápido cuando me hiero. Amén.

JESÚS ORA

28 de noviembre

Tomando tiempo para orar

Levantándose muy de mañana, cuando todavía estaba oscuro, salió y se fue a un lugar solitario, y allí oraba. MARCOS 1:35 (B.d.l.A.)

Cuando Jesús vivía en la tierra, Él siempre encontró tiempo para hablar con Dios y preguntarle qué hacer. Una vez Jesús se estaba quedando en la casa de Pedro ayudando a las personas que estaban enfermos. La mañana siguiente, ¡Jesús se levantó temprano en la mañana cuando todavía estaba oscuro! Él extrañaba a su Padre en el cielo y quería orar solo. ¡Tú también puedes orar solo! Dios se alegra cuando tú tomas tiempo para hablar con Él.

¿Pensaba Jesús que era importante hablar con Dios?

QUERIDO DIOS, ayúdame a recordar que yo puedo hablar contigo en cualquier momento, aun cuando estoy solo. Amén.

336

29 de noviembre

Hablando acerca de las cosas

En esos días Él se fue al monte a orar, y pasó toda la noche en oración a Dios. Cuando se hizo de día, llamó a sus discípulos, y escogió doce de ellos. LUCAS 6:12-13 (B.d.l.A.)

Jesús iba a escoger doce de sus seguidores para que fueran sus ayudantes especiales. Él quería estar seguro de escoger los verdaderos. Así que Jesús fue a un monte una noche para hablar sobre esto con el Padre en el cielo. Él habló con Dios por largo rato. La mañana siguiente Jesús sabía cuáles doce hombres Él iba a escoger. Así que llamó a sus seguidores y les dijo quiénes serían los doce.

¿Qué hizo Jesús después que habló con Dios en el monte?

QUERIDO DIOS, me alegro que puedo hablar contigo siempre que necesito decidir lo que voy a hacer. Gracias por ayudarme a saber lo que está bien. Amén.

30 de noviembre

Haciendo lo que Dios quiere

(Jesús oró,) diciendo: Padre, si es tu voluntad, aparta de mí esta copa; pero no se haga mi voluntad, sino la tuya. LUCAS 22:42 (B.d.l.A.)

Jesús fue a un huerto con sus ayudantes especiales una noche. Él sabía que pronto iba a ser puesto en una cruz para morir. Él lo habló todo con Dios su Padre en el cielo, tal como siempre hablaba cosas con Dios. Jesús le dijo a Dios que Él no quería sufrir. Pero entonces le dijo: "Haz lo que tú quieras, no lo que yo quiero".

Jesús no quería sufrir, pero qué le dijo Él a Dios?

QUERIDO DIOS, hay algunas cosas que yo deseo no tener que hacerlas. Pero por favor haz lo que tú quieras, no lo que yo quiero. Amén.

1 de diciembre

Volviendo otra vez

Entonces verán AL HIJO DEL HOMBRE QUE VIENE EN LAS NUBES con gran poder y gloria. MARCOS 13:26 (B.d.l.A.)

¿Usas un calendario mientras esperas por la Navidad? Puedes levantar una hoja cada día. Tal vez las figuras te recuerdan celebrar el nacimiento de Jesús en la Navidad. Cuando Jesús vino a la tierra como un bebé, esa fue su primera venida —su primer adviento. Cuando Jesús vuelva en las nubes como un adulto, esa será su segunda venida. ¡Será más emocionante que Navidad!

¿Cuándo celebramos la primera venida de Jesús? ¿Cómo será su segunda venida?

QUERIDO JESUS, gracias por la Navidad. Me ayuda a recordar que tú viniste a la tierra hace mucho tiempo. ¡Me alegro que vas a volver! Amén.

2 de diciembre

Un tiempo emocionante

Y entonces enviará a los ángeles, y reunirá a sus escogidos de los cuatro vientos, desde el extremo de la tierra hasta el extremo del cielo. MARCOS 13:27 (B.d.I.A.)

Es emocionante pensar en el tiempo que nació Jesús. Leemos acerca de ángeles en el cielo y pastores en los campos y animales en el establo. Pero cuando Jesús vuelva otra vez, ¡habrán ángeles por doquiera! ¡Será un tiempo aun más emocionante que cuando Jesús nació! Los ángeles juntarán a todo el pueblo de Dios para estar con Jesús. ¿No será eso maravilloso?

¿Qué harán los ángeles cuando Jesús venga otra vez?

QUERIDO JESÚS, yo quiero estar contigo cuando tú vuelvas a la tierra. ¡Yo quiero vivir contigo para siempre! Amén.

3 de diciembre

Esperando

*Pero de aquel día o de aquella hora
nadie sabe, ni siquiera los ángeles en
el cielo, ni el Hijo, sino sólo el Padre.
Estad alertas, velad.*
MARCOS 13:32-33 (B.d.l.A.)

Si tu mamá tiene que viajar, tú
deseas saber cuándo ella regresa,
¿no es así? ¡Quieres estar listo para darle un abrazo
grande! Después que Jesús nació, Él creció y vivió en
la tierra por un tiempo. Entonces murió en la cruz y
volvió a la vida. Después de eso, Él volvió al cielo. Nos dice que
solamente Dios, su Padre celestial, sabe cuándo Él volverá. Así
que quiere que siempre estemos preparados. ¡Él puede volver en
cualquier momento!

¿Quién sabe cuándo Jesús volverá?

QUERIDO JESÚS, desearía saber
cuándo tú regresas. ¡Pero
esperaré por ti hasta que
llegues aquí! Amén.

4 de diciembre

Trabaja mientras espera

Es como un hombre que se fue de viaje, y al salir de su casa dejó a sus siervos encargados, asignándole a cada uno su tarea. MARCOS 13:34 (B.d.I.A.)

Cuando en los tiempos bíblicos el dueño de una casa grande viajaba, le daba a sus ayudantes trabajo para hacer. Y ellos hacían todo lo que se les pedía hacer. Jesús dijo que Él es como el hombre que salió de viaje, y nosotros somos sus ayudantes. Este es el trabajo que Jesús nos ha dejado para que hagamos: Tenemos que enseñar a otros acerca de Él y hacer obras bondadosas los unos con los otros. Tenemos que amar a Jesús y obedecerlo.

¿Qué puedes hacer por Jesús mientras esperas que Él regrese?

QUERIDO JESÚS, ayúdame a amarte y hacer cosas buenas cada día. Amén.

5 de diciembre

¡Estoy listo!

Toda Escritura es inspirada por Dios...a fin de que el hombre de Dios sea perfecto, equipado para toda buena obra. 2 TIMOTEO 3:16-17 (B.d.l.A.)

Si tú quieres hacer un muñeco de nieve, tienes que ponerte tu traje de nieve, botas, y mitones. Tal vez puedes encontrar una zanahoria para la nariz, botones para los ojos, y dulces rojos para la boca. ¡Entonces estarás preparado para el tiempo y completamente equipado para hacer tu muñeco de nieve! Aprendiendo lo que la Biblia dice te preparas para algo también. Estarás preparado para hacer cosas buenas cuando aprendas lo que Dios quiere que hagas.

¿Puedes nombrar algunas personas de la Biblia que sus historias te han ayudado a aprender a hacer cosas buenas?

QUERIDO DIOS, gracias por versículos e historias bíblicas que me preparan para hacer cosas buenas para las personas. Amén.

6 de diciembre

Mucho amor

Y andad en amor,
así como también
Cristo os amó y se dio a sí mismo por
nosotros. EFESIOS 5:2 (B.d.l.A.)

La Biblia nos dice que amemos a otros como Jesús nos ama. Bueno, Jesús te ama mucho como para dejar el cielo y venir a la tierra por un tiempo. Eso quiere decir que tú debes amar a otras personas mucho también. Puedes mostrar tu amor haciendo cosas buenas. Y eso no sólo en Navidad. Tú debes vivir "una vida de amor". Eso quiere decir amar a otros todo el día, ¡cada día mientras vivas!

¿Cómo puedes mostrar amor por otros en la Navidad? ¿Cómo lo puedes hacer el resto del año?

QUERIDO JESÚS, gracias por tu amor y por todas las personas que me has dado para amar. Amén.

344

7 de diciembre

Ora por los líderes

(Ora) por los reyes y por todos los que están en autoridad. 1 TIMOTEO 2:2 (B.d.l.A.)

Es fácil orar por la gente que conocemos. Nos preocupamos por ellos y sabemos lo que necesitan. Pero la Biblia dice que oremos por nuestros líderes también —la policía, bomberos, reyes, presidentes, y otros. Puede que nosotros no sepamos quiénes son todas esas personas. Pero sabemos que ellos tienen una gran responsabilidad. Y sabemos que están en necesidad de mucha sabiduría para dirigir nuestro país.

¿Quiénes son algunos líderes por los cuales puedes orar?

QUERIDO DIOS, oro por los líderes en mi ciudad y en mi país. Muéstrales lo que deben hacer cada día. En el nombre de Jesús. Amén.

8 de diciembre

Ora por la paz

Para que podamos vivir una vida tranquila y sosegada con toda piedad y dignidad. 1 TIMOTEO 2:2 (B.d.I.A.)

Los ángeles alabaron a Dios y cantaron acerca de paz en la tierra cuando Jesús nació. Si queremos paz en nuestro mundo, debemos orar por nuestros líderes para que nos ayuden a tenerla.

Puede ser que sea tranquilo y pacífico donde vives. Puedes orar para que tus líderes ayuden a mantenerlo de esa manera. Para los países donde hay luchas y guerra, ora para que Dios le muestre cómo traer paz pronto.

¿Cómo tus oraciones ayudan a la gente en otros países?

QUERIDO DIOS, por favor trae tu amor y tu paz a los países en todo lugar. Amén.

9 de diciembre

Amigos para siempre

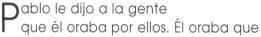

Pidiendo que el Dios de nuestro Señor Jesucristo, el Padre de gloria, os dé espíritu de sabiduría y de revelación en un mejor conocimiento de Él.
EFESIOS 1:17 (B.d.l.A.)

Pablo le dijo a la gente que él oraba por ellos. Él oraba que ellos supieran quién era Jesús. La Navidad es un buen tiempo para orar por la gente que no conocen a Jesús. Tú puedes orar para que ellos escuchen los cantos de Navidad acerca de Él. Puede que tú quieras orar por ellos para que vengan a la iglesia y aprendan acerca de Jesús. Puedes enviar una tarjeta de Navidad con una nota que diga que tú estás orando.

¿Cómo debes orar por amigos que no saben mucho acerca de Jesús?

QUERIDO JESÚS, oro para que todos mis amigos aprendan más acerca de ti en estas Navidades. Amén.

10 de diciembre

Un trabajo para Jonás

*Vino palabra del Señor a Jonás ... Levántate,
ve a Nínive, la gran ciudad, y proclama contra
ella, porque su maldad ha subido hasta mí.*
JONÁS 1:1-2 (B.d.l.A.)

Jonás vivió muchos años antes de Jesús nacer.
Dios tenía planes para Jonás, y Dios tenía planes para su Hijo
Jesús. Pero Jonás no cooperó como hizo Jesús muchos años
después. La labor de Jonás era de ir y predicar en la ciudad de
Nínive. Él no quería hacerlo porque la gente de Nínive eran enemi-
gos de Dios. Así que Jonás tomó un barco que salía lejos de Nínive.

**Cuando Dios le pidió a Jonás que fuera a Nínive, ¿qué
hizo Jonás?**

QUERIDO DIOS, ayúdame a no huir de las cosas que tú quieres que
yo haga. Amén.

Nínive

11 de diciembre

Una tormenta

*Y descendiendo a Jope, encontró un barco que iba a Tarsis...
Y el Señor desató sobre el mar un fuerte viento, y hubo una
tempestad tan grande en el mar que el barco estuvo a punto
de romperse.* JONÁS 1:3-4 (B.d.I.A.)

Cuando hace mucho viento, grandes olas se forman en el
agua. El barco donde estaba Jonás era pequeño. Así que
"estaba en peligro de romperse". Los marineros tenían miedo. Ellos
comenzaron a tirar las cosas al agua para quitar peso para que el
barco no se hundiera. ¡Jonás estaba dormido todo el tiempo!

**Dios quería que Jonás fuera a Nínive, no a Tarsis. Así que,
¿qué hizo Dios?**

QUERIDO DIOS,
gracias por estar
en control de
todo, aun
hasta del viento
y las olas. Amén.

12 de diciembre

La tormenta termina

Los hombres se atemorizaron en gran manera y le dijeron: ¿Qué es esto que has hecho?....¿Qué haremos contigo para que el mar se calme en torno nuestro? JONÁS 1:10-11 (B.d.I.A.)

Jonás le dijo a los otros hombres en el barco que lo tiraran al agua. Él sabía que Dios haría parar el viento. Los hombres no querían hacerlo, pero la tormenta empeoraba. Así que ellos tiraron a Jonás fuera del barco. El viento paró de soplar, ¡y los hombres adoraron a Dios!

¿Cuáles fueron las dos cosas buenas que pasaron después que los marinos tiraron a Jonás fuera?

QUERIDO DIOS, gracias por hacer pasar cosas buenas aun cuando todo parece ir mal. Amén.

13 de diciembre

Dentro de un gran pez

Y el Señor dispuso un gran pez que se tragara a Jonás; y Jonás estuvo en el vientre del pez tres días y tres noches. JONÁS 1:17 (B.d.l.A.)

Tirar a Jonás fuera del barco fue bueno para los marineros. ¿Pero fue bueno para Jonás? Bueno, ¡no parece bueno al principio! Pero Dios tenía un trabajo para Jonás, y Él iba a ayudar a Jonás a hacerlo. ¡Dios hizo que el pez grande se tragara a Jonás! ¡El pez era tan grande que Jonás estuvo seguro en su vientre por tres días y tres noches!

¿Cómo Dios cuidó de Jonás?

QUERIDO DIOS, gracias por cuidar a la gente en formas que nadie jamás ni aun puede pensar. Amén.

351

14 de diciembre

Jonás y Dios

Entonces el Señor dio orden al pez, y éste vomitó a Jonás en tierra firme. JONÁS 2:10 (B.d.l.A.)

Mientras Jonás estaba dentro del gran pez, él le dio gracias a Dios por salvarlo. Le dijo también que él guardaría todas sus promesas a Dios. Eso agradó a Dios. Así que Él le dijo al pez que vomitara a Jonás y pusiera al hombre en tierra seca. Entonces Jonás estaba a salvo de la tormenta y también del gran pez.

¿Qué le dijo Jonás a Dios desde el estómago del pez? ¿Qué hizo Dios por Jonás?

QUERIDO DIOS, ¡yo nunca quiero tener que hablar de dentro de un pez! Pero te doy gracias por escucharme dondequiera que yo esté. Amén.

15 de diciembre

Una segunda oportunidad

Vino palabra del Señor por segunda vez a Jonás, diciendo: Levántate, ve a Nínive, la gran ciudad....Y Jonás se levantó y fue a Nínive conforme a la palabra del Señor. JONÁS 3:1-3 (B.d.I.A.)

La primera vez que Dios le dijo a Jonás que fuera a Nínive, Jonás huyó. ¡O por lo menos, trató! La segunda vez que Dios le dijo a Jonás que fuera allá, Jonás obedeció. La gente de Nínive no amaban a Dios. Así que Dios tenía un mensaje triste para ellos. Jonás le dio el mensaje. Decía que después de 40 días la ciudad no estaría allí.

¿Por qué crees que Jonás no quería ir a Nínive la primera vez?

QUERIDO DIOS, gracias por ayudar a Jonás a hacer algo que no era fácil. Gracias por ayudarme a mí, también, cuando tengo que hacer cosas que no son fáciles. Amén.

16 de diciembre

La ciudad completa está triste

Y los habitantes de Nínive creyeron en Dios, y proclamaron ayuno y se vistieron de cilicio desde el mayor hasta el menor de ellos. JONÁS 3:5 (B.d.l.Á.)

En tiempos bíblicos la gente se ponían ropas ordinarias, raídas cuando estaban tristes. Bien, todos en la ciudad de Nínive estaban tristes acerca del mensaje de Dios que Jonás les trajo. El pueblo creyó en Dios y se arrepintieron de las cosas malas que habían hecho. El rey le dijo a todos en la ciudad que dejaran de hacer cosas malas.

¿Qué hizo el pueblo de Nínive cuando oyó el mensaje de Dios?

QUERIDO DIOS, yo me arrepiento de las cosas malas que he hecho. Necesito tu ayuda para dejar de hacer esas cosas. En el nombre de Jesús. Amén.

17 de diciembre

Jonás está enojado

Y vio Dios sus acciones, que se habían apartado de su mal camino; entonces se arrepintió Dios del mal que había dicho que les haría, y no lo hizo. JONÁS 3:10 (B.d.I.A.)

Dios estaba contento. Jonás finalmente había ido a Nínive. El pueblo allí ya no estaba haciendo cosas malas. Ellos se arrepintieron, y Dios los perdonó. Él no destruyó la ciudad. Jonás debió haber estado contento también. Pero no estaba. Él estaba molesto. Jonás pensó que la gente de Nínive debieron ser castigados. Pensó que Dios no debía de haber sido tan bondadoso con ellos.

¿Por qué Dios estaba complacido? ¿Por qué Jonás estaba enojado?

QUERIDO DIOS, a veces mis amigos parecen salirse con las suyas con las cosas malas que hacen. Ayúdame a estar alegre que tú los perdonaste tal como me perdonaste a mí. Amén.

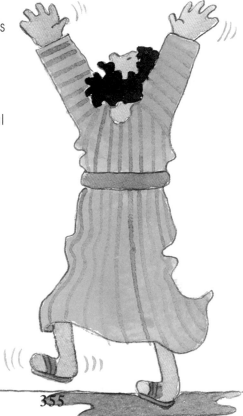

18 de diciembre

La planta

Y el Señor Dios dispuso una planta que creciera sobre Jonás para que hiciera sombra...Pero Dios dispuso que un gusano al rayar el alba del día siguiente atacara la planta, y ésta se secó. JONÁS 4:6-7 (B.d.I.A.)

Jonás estaba sentado cerca de Nínive, esperando ver qué pasaría. Mientras él estaba sentado allí, Dios hizo crecer una planta sobre él. A Jonás le gustó la sombra. Pero el día siguiente Dios envió un gusano para que se comiera la planta. La planta murió, y Jonás se sentó bajo el sol caliente. Jonás sentía lástima de sí mismo. Él estaba muy disgustado.

¿Has sentido tú lástima de ti mismo? ¿Cuándo?

QUERIDO DIOS, yo no entiendo todo lo que tú haces. Pero ayúdame a creer siempre que lo que tú haces está bien. Amén.

19 de diciembre

El amor de Dios

Y dijo el Señor: Tú te apiadaste de la planta por la que no trabajaste, ni hiciste crecer....¿y no he de apiadarme yo de Nínive, la gran ciudad. JONÁS 4:10-11 (B.d.l.A.)

Dios sabía que Jonás estaba disgustado acerca de la planta. Así que le habló sobre esto. Dios dijo que Jonás no tuvo nada que hacer para que la planta creciera. Si Jonás se preocupaba tanto por la planta, ¿por qué Dios no se iba a preocupar por Nínive? ¡Él sí se preocupaba! Él se preocupaba por el pueblo en aquella ciudad, y también por los animales!

Dios amaba el pueblo de Nínive mucho antes que ellos lo amaran a Él. ¿Qué te dice esto acerca de Dios?

QUERIDO DIOS, gracias por tu amor. Me alegro que tú cuidas de todos, ¡aun de mí! Amén.

357

20 de diciembre

¡Viene pronto!

*Y al sexto mes, el ángel Gabriel fue enviado por Dios (a María)....
Y el ángel le dijo: No temas, María, porque has hallado gracia
delante de Dios. Y he aquí, concebirás en tu seno y darás a luz un
hijo, y le pondrás por nombre Jesús.* LUCAS 1:26,30-31 (B.d.l.A.)

¡En cinco días vamos a celebrar el cumpleaños de Jesús! Muchos
meses antes de Jesús nacer, Dios envió un ángel a María. Ella
estaba muy sorprendida. María se sorprendió aun más cuando oyó
el mensaje ¡del ángel de Dios! Ella tiene que haber estado
temerosa, también, porque Gabriel le dijo que no tenía que temer.

¿Cuál fue el mensaje de Dios a María?

QUERIDO DIOS, gracias, que la Biblia
nos dice todo acerca del tiempo
cuando tu Hijo Jesús, nació.
Amén.

21 de diciembre

¡Yo lo haré!

Entonces María dijo: He aquí la sierva del Señor; hágase conmigo conforme a tu palabra. Y el ángel se fue de su presencia.
LUCAS 1:38 (B.d.l.A.)

Cuando María oyó el mensaje del ángel, ella no sabía lo que quería decir. Gabriel le explicó que ella iba a ser la madre del Hijo de Dios, ¡Jesús! María sabía que esto no iba a ser fácil porque la gente no iban a entender. Pero le dijo al ángel que ella sería la sierva de Dios. Ella haría todo lo que Dios quería que hiciera.

¿Qué María estuvo de acuerdo hacer?

QUERIDO DIOS, gracias que María hizo lo que tú querías que ella hiciera. Ayúdame a hacer las cosas que tú quieres que yo haga. Amén.

22 de diciembre

Un esposo para María

He aquí que se le apareció en sueños un ángel del Señor, diciendo: José, hijo de David, no temas recibir a María tu mujer, porque lo que se ha engendrado en ella es del Espíritu Santo.
MATEO 1:20 (B.d.l.A.)

José oyó que María iba a tener un bebé. No sabía qué hacer porque él no era el padre. Pero Dios quería que José cuidara del niño Jesús. Así que Dios envió un ángel en un sueño. El ángel le dijo que el bebé vino del Espíritu de Dios. El ángel le dijo que estaba bien dejar a María que fuera su esposa. ¡Así que él lo hizo!

¿Cuál fue el mensaje de Dios a José?

QUERIDO DIOS, gracias por ayudar a José a creer tu mensaje. Ayúdame a creer lo que tú dices en la Biblia. Amén.

23 de diciembre

Un viaje largo

Y Acontenció en aquellos días que salió un edicto de César Augusto, para que se hiciera un censo de todo el mundo habitado...Y todos se dirigían a inscribirse en el censo, cada uno a su ciudad. LUCAS 2:1,3 (B.d.l.A.)

José y María vivían en el pueblo de Nazaret. Pero el rey David había nacido en Belén. Él era uno de los antepasados de José, un familiar que había vivido muchos años antes. Así que José y María tenían que ir a Belén para ser contados. El viaje le parecía muy largo a María, que iba a tener su bebé pronto.

¿Por qué José y María tenían que ir a Belén?

QUERIDO JESÚS, gracias que es casi tiempo de celebrar tu cumpleaños. Amén.

24 de diciembre

Un lugar para quedarse

Porque no había lugar para ellos en el mesón. LUCAS 2:7 (B.d.I.A.)

¿Has viajado alguna vez? Quizá te quedaste en una cabaña o en la casa de tu abuela o en un hotel. En el pueblo de Belén había una posada para los viajeros. Tenía muchos cuartos, pero los cuartos estaban llenos cuando María y José llegaron. El único lugar que quedaba era un establo. Es ahí donde se quedan los animales. ¡Así que María y José tuvieron que ir donde fue su asno!

¿Por qué María y José no se pudieron quedar en la posada?

QUERIDO DIOS, me alegro que María y José encontraran un lugar para quedarse, aunque fuera un establo. Amén.

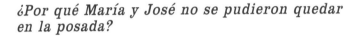

362

25 de diciembre

El mejor regalo

Y sucedió que mientras estaban ellos allí, se cumplieron los días de su alumbramiento. Y dio a luz a su hijo primogénito; le envolvió en pañales y le acostó en un pesebre. LUCAS 2:6-7 (B.d.l.A.)

María y José pasaron la noche en el establo. ¡Ellos no durmieron mucho porque esa fue la noche cuando Jesús nació! María envolvió al niño Jesús en pañales, como hacían todas las madres en los tiempos de la Biblia. Entonces lo acostó en un pesebre. Esta caja de madera era donde los animales usualmente comían la hierba. ¡Qué tiempo más emocionante para todos, incluyendo a los animales!

¿Qué cumpleaños estás tú celebrando hoy? ¿Pero quién está recibiendo regalos?

QUERIDO DIOS, gracias por enviar un Regalo muy especial para el mundo —¡tu mismo Hijo, Jesús!   Amén.

26 de diciembre

Grandes noticias del cielo

En la misma región había pastores que estaban en el campo, cuidando sus rebaños...Y un ángel del Señor se les presentó, y la gloria del Señor los rodeó de resplandor... No temáis...porque os ha nacido hoy, en la ciudad de David, un Salvador, que es Cristo el Señor. LUCAS 2:8-11 (B.d.l.A.)

Las ovejas estaban durmiendo en un campo cerca de Belén. Los pastores pensaron que era una noche como cualquiera otra. ¡Eso era antes de venir el ángel! Con una luz brillante alrededor, el ángel le dijo a los pastores acerca del niño Jesús, el Salvador. Entonces más ángeles vinieron, y todos alababan a Dios.

¿Qué noticias oyeron los pastores? ¿Quién trajo las noticias a ellos?

QUERIDO DIOS, te alabo por enviar al niño Jesús. Amén.

27 de diciembre

Los primeros visitantes

Fueron a toda prisa, y hallaron a María y a José, y al niño acostado en el pesebre. Y cuando lo vieron, dieron a saber lo que se les había dicho acerca de este niño. LUCAS 2:16-17 (B.d.l.A.)

Cuando los ángeles se fueron, ¿pensaron los pastores que habían soñado? ¡No! Ellos sabían que Dios había enviado los ángeles y que un niño especial había nacido. Así que fueron de prisa al pueblo, encontraron al bebé, y dijeron a todos acerca de los ángeles. Entonces regresaron a las ovejas, alabando a Dios. ¡Ellos estaban tan contentos porque habían encontrado al niño Jesús!

¿Qué hicieron los pastores sobre las buenas noticias que habían oído?

QUERIDO JESÚS, yo me alegro que tú creciste y volviste al cielo. Yo no puedo verte como te vieron los pastores, pero puedo hablar contigo cada vez que lo deseo. ¡Gracias! Amén.

28 de diciembre

Visitantes fuera del pueblo

Después de nacer Jesús en Belén de Judea...he aquí, unos magos del oriente llegaron a Jerusalén, diciendo: ¿Dónde está el Rey de los judíos que ha nacido? Porque vimos su estrella en el oriente, y hemos venido a adorarle. MATEO 2:1-2 (B.d.I.A.)

Algunos hombres sabios vivían muy lejos del lugar donde Jesús nació. Cuando ellos vieron una nueva estrella, sabían que un rey había nacido. Así que ellos viajaron a Jerusalén y hablaron con el rey Herodes. Él los envió a Belén. Herodes les dijo que le dejaran saber cuando encontraran al rey porque él quería adorar al nuevo rey también. Pero Herodes estaba diciendo mentira. Él realmente estaba celoso del nuevo rey.

¿Cómo los hombres sabios supieron que había un nuevo rey?

QUERIDO DIOS, gracias por dejarle saber a gente de tierras lejanas acerca del niño Jesús. Amén.

29 de diciembre

Regalos para el pequeño Rey.

Y he aquí, la estrella que habían visto en el oriente iba delante de ellos, hasta que llegó y se detuvo sobre el lugar donde estaba el niño. MATEO 2:9 (B.d.l.A.)

Los hombres sabios todavía no sabían el lugar exacto a donde iban. Así que se alegraron de ver otra vez la estrella que ellos habían seguido. Los llevó hasta una casa en Belén. Cuando ellos vieron al pequeño Jesús allí, se arrodillaron y lo adoraron. Ellos le dieron oro y dos clases de perfume muy bueno.

¿Qué hicieron los hombres sabios cuando vieron a Jesús?

QUERIDO JESÚS, los hombres sabios no sabían mucho acerca de ti, pero ellos te adoraron. Yo sé mucho acerca de ti, ¡por supuesto yo quiero adorarte también! Amén.

30 de diciembre

No vayan por ese camino

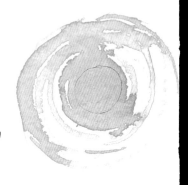

Y habiendo sido advertidos por Dios en sueños que no volvieran a Herodes, partieron para su tierra por otro camino.
MATEO 2:12 (B.d.l.A.)

Cuando viajas, puede que veas una señal de desvío. Eso quiere decir que tienes que tomar una carretera diferente. Puede ser que falta un puente y estarás en peligro si continúas viajando. Bueno, Dios sabía que había peligro por delante —no para los hombres sabios, sino para Jesús. El rey Herodes quería hacerle mal a Jesús. Dios le dijo a los hombres sabios que no volvieran a Jerusalén a ver de nuevo al rey. Así que los sabios encontraron un camino diferente para regresar a sus casas.

¿Cómo Dios guardó a su Hijo, Jesús, seguro?

QUERIDO DIOS, gracias por guardar a salvo a Jesús. Y gracias por todas las veces cuando me guardas a mí. Amén.

31 de diciembre

Una regla

*Y los pastores se volvieron, glorificando y alabando a Dios....
Cuando se cumplieron los ocho días para circuncidarle, le pusieron
por nombre Jesús, el nombre dado por el ángel.* LUCAS 2:21-22
(B.d.l.A.)

¡Nadie en la Biblia es más importante que Jesús! Ese es el nombre
que el ángel dijo que lo llamaran. Es un nombre especial que
quiere decir "Salvador". Jesús vino a ser nuestro Salvador —para salvarnos de nuestros pecados. Cuando tenía un mes, María y José lo
presentaron a Dios en el templo. Jesús vino de Dios, su Padre
celestial. Y mientras crecía, Él vivió su vida para Dios en la tierra.

¿Qué es especial acerca del nombre "Jesús"?

QUERIDO DIOS, gracias por enviar a Jesús
para ser mi Salvador. Yo quiero vivir
para Dios tal como Él lo hizo. Amén.

Publicado por Editorial Unilit
Miami, Fl. 33172
Derechos reservados
Primera edición 2000

Originalmente publicado en inglés con el título: **Day by Day**
por Hunt & Thorpe, Alresford, Hants, UK.

Traducido al español por: Priscila Patacsil
Citas bíblicas marcadas B.d.l.A. *"Biblia de las Américas"*
© 1986 The Lockman Foundation, y *"La Biblia al Día"*
© 1979 International Bible Society Usadas con permiso.

Producto 495658
ISBN 0-7899-0536-1

Impreso en Hong Kong, China
Printed in Hong Kong, China